Näher als erlaubt

W0071542

Andreas Wetz
Näher als erlaubt

Wie sich die Politik mit
Ihrem Steuergeld Medien kauft

 BUCH

Sämtliche Angaben in diesem Werk erfolgen trotz sorgfältiger Bearbeitung ohne Gewähr. Eine Haftung der Autoren bzw. Herausgeber und des Verlags ist ausgeschlossen.

1. Auflage 2021

ISBN: 978-3-200-07877-2

© 2021 VGN Buch, eine Marke der VGN-Unternehmensgruppe
Alle Rechte, insbesondere das Recht der Vervielfältigung und Verbreitung sowie der Übersetzung, vorbehalten. Kein Teil des Werkes darf in irgendeiner Form (durch Fotokopie, Datenübertragung oder ein anderes Verfahren) ohne schriftliche Genehmigung des Verlages reproduziert oder unter Verwendung elektronischer Systeme gespeichert, verarbeitet, vervielfältigt oder verbreitet werden.

Medieninhaber, Verleger und Herausgeber: Verlagsgruppe NEWS Medienservice GmbH, Taborstraße 1-3, 1020 Wien, Österreich;
www.vgn.at

Gestaltung & Satz: AGE DE CARVALHO
Produktion: RONALD LIND
Projektleitung: SABINE FANFULE
Umschlagbild: MATT OESERVE
Lektorat: MARTIN BRUNY & RENATE MESSENBÄCK
Druckerei: BRÜDER GLÖCKLER GMBH, Staudiglgasse 3, 2752 Wöllersdorf, Österreich

Inhalt

Prolog

Die Stimmung im hell erleuchteten Fernsehstudio ist launig bis gelöst. Interviewer und Interviewter kennen einander von beruflichen
Anlässen, von Feiern. Das Internet ist voll mit Fotos.[1] Auch heute
sitzen sie sich wieder gegenüber. Am ovalen Studiotisch sprechen
zwei zentrale Figuren jenes Systems miteinander, das, manchmal
verklärend, manchmal abschätzig, als politmedialer Komplex bezeichnet wird. Die beiden Männer heißen Wolfgang Sobotka und
Wolfgang Fellner.

Die zwei Wolfgangs sind das, was man in ihren jeweiligen Ein-
flusssphären als Hochkaräter bezeichnen kann. Der eine, Sobotka,
hat innerhalb der Österreichischen Volkspartei (ÖVP) Karriere durch
alle politischen Instanzen gemacht. Er war von 1982 bis 1992
Gemeinderat (Waidhofen an der Ybbs), dann bis 1996 Stadtrat, im
Anschluss Büromitarbeiter des niederösterreichischen Ex-Landes-
hauptmanns Erwin Pröll, von 1998 bis 2005 Landesrat, ab 2009 stellvertretender Landeshauptmann, ab 2016 Innenminister und seit 2017
Präsident des Nationalrats. Laut Verfassung ist der inzwischen 65-Jäh-
rige damit nach dem Bundespräsidenten der zweite Mann im Staat.

Sobotkas Gegenüber, Wolfgang Fellner, hat genauso viel Erfahrung. Beruflich und auch an Lebensjahren. Dass er an diesem 10. Dezember 2020 Sobotka einmal mehr die Fragen stellt, hat unter anderem damit zu tun, dass auch Fellner auf eine Laufbahn von unten bis
ganz oben zurückblicken kann. Nur machte Fellner seine Karriere auf

der „anderen" Seite des politmedialen Komplexes. Er begann bereits als Schüler in Salzburg als Journalist und Unternehmer, gründete 1968 das Jugendmagazin „Rennbahn Express", ab 1983 das Polit-Magazin „Basta", ab 1992 die Verlagsgruppe News und lenkt aktuell mit seinem Sohn Niki Geschäfte und Redaktion der Mediengruppe „Österreich". Diese produziert neben der namensgebenden Kauf-Tageszeitung unter anderem die Gratis-Zeitung „OE24", das Nachrichtenportal OE24.at, eine Reihe weiterer Web-Plattformen, einen Radiosender und OE24.TV.

Heute also, in der nach Fellner selbst benannten Sendung „Fellner! Live" auf OE24.TV, stellt er Wolfgang Sobotka die Fragen. Nach dessen Gehalt (18.999 Euro/Monat) zum Beispiel. Oder nach Sobotkas Beurteilung der Pandemie-Politik seines Parteifreundes: Bundeskanzler Sebastian Kurz. Und nach seiner Rolle im parlamentarischen Untersuchungsausschuss zum sogenannten „Ibiza-Video", dessen Veröffentlichung in deutschen Medien („Spiegel", „Süddeutsche Zeitung") im Frühjahr 2019 die Regierungskoalition zwischen ÖVP und FPÖ beendete.

Obwohl die Themen für den Befragten allesamt nicht gerade angenehme Details behandeln: Für einen Politiker wie Sobotka ist das Standardprogramm. Tagesgeschäft eben. Im Studio in der Wiener Friedrichstraße „rennt der Schmäh", wie man in Österreich sagt. Immer wieder wird gelacht. Die Stimmung scheint gut, die Zungen sind gelöst.

Nach etwa zwei Drittel des 38-minütigen Gesprächs sind die beiden Männer schließlich ausreichend warmgeredet, sodass sie eine Art Offenbarungseid leisten.

Hier Fellner, der in der Branche nicht nur als Journalist, sondern auch als beinharter Verleger, hartnäckiger Verkäufer und kreativer Geschäftsmann bekannt ist. Insbesondere, wenn es darum geht, potenzielle Anzeigenkunden davon zu überzeugen, dass genau seine Medien der beste Ort dafür wären, sich in Form von Werbung an das Publikum zu wenden. Die Liste der öffentlichen Überlieferungen dazu ist lang.[2] Dort Sobotka, der seit vielen Jahren das politische System kennt und weiß, welche Bedeutung Werbeschaltungen für Medien haben. Und auch für Politiker. Als Verteiler und als Empfänger. Der Präsident des Nationalrats wurde in der Volkspartei Niederösterreich, der mächtigsten und selbstbewusstesten Landesgruppe seiner Gesinnungsgemeinschaft, sozialisiert. Ebendort, in Niederösterreich, ist auch er mit einem echten Global Player schon mehrfach in Berührung gekommen: dem niederösterreichischen Glücksspielanbieter Novomatic.

Im Rahmen des Untersuchungsausschusses zum Ibiza-Video wurden von der Opposition Zahlungen der Novomatic an das erweiterte Umfeld Sobotkas thematisiert und kritisiert. Etwa ein Sponsoring an das Kammerorchester Waidhofen, das Sobotka, selbst begeisterter Musiker, regelmäßig dirigiert. Oder Zahlungen an das ÖVP-nahe Alois Mock Institut in St. Pölten, das Sobotka initiierte und dem er als Präsident vorsteht.

Im Studio, in dem Fellner Hausherr ist, spricht der Journalist und Medienmanager genau das an und verweist darauf, dass die Opposition all das kritisch sieht, denn „die Frage ist ja, dass Sie von Novomatic Spenden erhalten haben". Geld, von dem Kritiker vermuten, dass es für die Verabschiedung von Gesetzen zum Vorteil des Zahlers geflossen sein könnte. Ein Verdacht, der bis heute unbestätigt ist und den alle Betroffenen in Abrede stellen. An diesem Abend auch Sobotka. Zum wiederholten Mal. Und dann entwickelt sich folgender Dialog.

SOBOTKA: Ich habe nie Spenden genommen. Ich hätte sie genommen, weil sie rechtmäßig …
FELLNER: Na dann halt Inserate oder wie auch immer Sie es bezeichnen.
SOBOTKA: Sie kennen das Geschäft eh. Fürs Inserat gibt's ein Gegengeschäft, oder?
FELLNER: Ja, natürlich.
SOBOTKA: Natürlich. Und das wird man wohl machen dürfen, wenn man einen Thinktank hat.
FELLNER: Und was war das Gegengeschäft fürs Orchester, fürs Dirigieren?
SOBOTKA: Die Novomatic hat für das Land Niederösterreich, wo sie den Sitz hat, eine sechsstellige Summe ausgesucht, und das Land Niederösterreich berät die Novomatic und sagt: „Macht das einmal mit dem und einmal mit dem." Die haben St. Pölten, die haben das Orchester in Gars und das Theater in Grafenegg gesponsert. Die unterstützen alles.[3]

Ob Sobotka und Fellner statt „Gegengeschäft" eigentlich „Gegenleistung" meinten, also den üblichen Vorgang des Tausches von Geld gegen Werbeflächen, oder tatsächlich unverhohlen und live die Erwartungshaltung ansprachen, dass Inseratengeschäfte im politiknahen Umfeld mit nicht näher spezifizierten, aber offensichtlich nicht ganz sauberen Gegenleistungen verbunden sind, ging aus dem Interview nicht hervor. Der PR-Ethik-Rat hält dazu unmissverständlich fest, dass die Gegenleistung für ein Inserat Geld ist. Nicht mehr, aber auch nicht weniger. Denn: „Darüber hinausgehende ‚Gegengeschäfte' sind nicht zulässig und entsprechen nicht den kommunikationsethischen Regeln."[4]

Nur einige wenige Medien und Journalisten nahmen das Thema ernsthaft auf. Einer von ihnen war Armin Thurnher, Mitgründer und Herausgeber der Wochenzeitung „Falter". In seinem Blog kommentierte er das heitere TV-Gespräch zwischen Fellner und Sobotka genauso deutlich wie kritisch. Der aus Vorarlberg stammende Journalist beobachtet seit vielen Jahren die Medienpolitik unterschiedlicher Regierungen kritisch. Neben der per Gesetz reglementierten Presseförderung betrifft das vor allem das breitflächige Schalten sogenannter „Regierungsinserate" durch Ministerien und Unternehmen im Einflussbereich des Bundes. Unter dem Eindruck der Äußerungen Fellners und Sobotkas schrieb Thurnher von „Medienkorruption"[5] und berichtete davon, dass seine Zeitung eine Reihe von Inseraten nicht bekommen habe, weil sie die dafür erwartete Geschichte, das „Gegengeschäft", nicht bringen wollte. Wie genau sich der Abtausch von Inseratengeld gegen Berichterstattung seiner Meinung nach in der Praxis darstellt, beschrieb er so: „Die unmoralischen Gegenleistungen werden in den Zeitungen regelmäßig sichtbar. Erst kürzlich stilisierte die ‚Krone' den lächerlichen Flop des ‚Kaufhaus Österreich' zum Akt des nationalen Aufbegehrens gegen ‚Onlineriesen'".[6]

Die politische Thematisierung des TV-Gesprächs von Fellner und Sobotka fand, so schien es, in noch kleinerem Rahmen statt. Der Offenbarungseid beschäftigte nämlich nur jene, die bisher keine Möglichkeit hatten, ihre mit Steuergeld gespeisten und viele Millionen Euro schweren Werbeetats in Richtung der Medien umzuleiten: die NEOS. Ihre Regierungsbeteiligung im Wiener Rathaus erschien noch zu kurz, als dass auch sie sich gut überlegen hätten müssen, wie sie sich zum Thema in der Öffentlichkeit äußern sollten.

So kam es also, dass – ausgerüstet mit dem Schutzschild der parlamentarischen Immunität – auch Stephanie Krisper, NEOS-Abgeordnete zum Nationalrat, deutlich wurde, wenn auch mit einem etwas anderen Fokus als Thurnher. Krisper sprach nämlich einmal mehr Sobotkas Rolle als Vorsitzender im „Ibiza"-Untersuchungsausschuss an. „Dass sich ein Nationalratspräsident hinstellt und öffentlich eingesteht, dass Inseratenkorruption zum guten Ton gehört, macht ihn ungeeignet für das Amt des Vorsitzenden."[7]

Die vorliegende Recherche will Ihnen, liebe Leserinnen und Leser, Fragen beantworten, um den politmedialen Komplex Österreichs besser zu verstehen. Dies deshalb, weil die mit staatlichen Subventionen und Werbeschaltungen bedachten Titel meistens nur kritisch über Dritte, aber fast nie über sich selbst berichten – und über ihr strukturelles Verhältnis zu den Regierungen. Und wenn, dann tun es die, die ihrer Meinung nach gegenüber den anderen zu kurz kommen. Das ist nur verständlich und gut nachzuvollziehen, und dennoch eine Lücke.

— Wie nah sind einander Politik und Medien in Österreich? (Stark vereinfacht: ziemlich nahe.)

— Stimmen die Befunde vom dichten Netzwerk gegenseitiger Abhängigkeit? (Es sieht alles danach so aus.)

— Zahlen die einen in der Hoffnung, im Gegenzug öffentlich gelobt oder zumindest nicht allzu hart angefasst zu werden? (Es gibt Insider, die das genau so erzählen.)

— Fordern die anderen im Glauben, ihnen stünde im immer härter werdenden Wettbewerb der Medienfinanzierung auch ein Stück vom Kuchen zu? (Teilweise.)

— Was bedeutet all das für Markt, Wettbewerb und jene, für die nur kleine Stücke oder Brosamen übrig bleiben? (Nichts Gutes.)

— Stimmt es, dass die, die sich Qualitätsmedien nennen, gegenüber dem Zeitungsboulevard benachteiligt sind? (Aus Sicht der Steuerzahler nicht. Ihre Zeitungen gehören pro Exemplar nämlich zu den am höchsten gestützten Blättern überhaupt.)

— Oder ist es gar normal und legitim, dass Politiker die Ergebnisse

ihres Wirkens anstatt durch Ansprache von Journalisten (und die an-
schließende redaktionell bearbeitete Weiterverbreitung) lieber in Form
von Werbung an den Souverän unters Volk, an die Wähler bringen?
(Zumindest in Österreich.)

—Wie passt es zusammen, dass die im Alltag freihändig vollzieh-
bare Vergabe von Millionen Euro schwere Werbekampagnen in
Österreich längst als eine Form der Presseförderung gesehen wird,
die „echte", gesetzlich normierte Presseförderung zum Erhalt der
vierten Gewalt im Staat aufgrund ihrer Dotierung aber zurück-
gehende Bedeutung hat? (Gar nicht.)

Bei der Fülle von Details, Personen und politischen Verstrickungen werden die anderen großen Mediensektoren, das Internet und
der Rundfunk mit dem finanziell alles dominierenden ORF, bewusst
ausgeklammert. Nicht, weil der im internationalen Vergleich immer
noch vergleichsweise starke Sektor der Zeitungs- und Magazinverlage
nicht durch die Sonderstellung des öffentlich-rechtlichen Medien-
hauses berührt würde, sondern weil die Erzählung dieser Geschichte
schlichtweg den Rahmen sprengen würde.

Das vorliegende Buch will beleuchten, warum man in Österreich
seit 1975 überhaupt der Meinung ist, dass eine privatwirtschaftlich
konstruierte Kontrollinstanz wie die Presse unbeeinflusst und dem
Publikum gegenüber korrekt berichten kann, während sie an einer
Infusion aus Steuergeld hängt, über deren Mitteldurchfluss allein die
jeweilige Regierung entscheidet. Sie werden erfahren, was für die
Finanzen verantwortliche Beamte über Werbeschaltungen denken,
die sich Minister bei diesem oder jenem Medium wünschten, weil
man „mit den Zahlungen in Rückstand" gewesen sei. Und es wird
erzählt, wie Chefredakteure selbstkritische und für das Publikum, die
Steuerzahler, erhellende Geschichten nicht veröffentlichen, sondern
ins Archiv aussortieren: weil sie Sorge haben, dass so viel Transparenz
zwar von den eigenen Lesern geschätzt werden könnte, nicht aber von
den Inserenten der öffentlichen Hand.

Es ist das für die Bevölkerung meist unsichtbare, mit Strömen
aus Steuergeld gesponnene Netz aus gegenseitigen Abhängigkeiten,
das in den folgenden Kapiteln sichtbar gemacht werden soll. Dann

werden die Hintergründe dafür, warum so mancher Bericht ausfällt, wie er eben ausfällt, offenbar. Und man wird verstehen, warum sich Wolfgang Sobotka und Wolfgang Fellner gegenseitig und vor laufenden Kameras versicherten, dass es für jedes Inserat – „natürlich" – ein Gegengeschäft gibt.

Machen wir vorher ein gemeinsames Gedankenexperiment. Seien Sie ehrlich: Wie hart würden Sie jemanden journalistisch anpacken, der dafür verantwortlich ist, dass von ihm geleitete Behörden hohe Summen an Ihre Zeitung überwiesen haben? Wolfgang Sobotka war lange Zeit stellvertretender Landeshauptmann und Finanzlandesrat in Niederösterreich. Er war Innenminister. Und auch als Präsident des Nationalrats verantwortet er inzwischen die Vergabe von Inseraten. Allein für die Beziehung zwischen ihm und Wolfgang Fellner sind seit dem zweiten Halbjahr 2012 mindestens 2.149.422 Euro und 36 Cent an Ausgaben für Inserate der öffentlichen Hand dokumentierbar.[8] Also noch einmal: Wie hart würden Sie zupacken? Solche Beziehungen gibt es in Österreich zu Dutzenden.

Presseförderung:
Politeinfluss auf allen Ebenen

Man bezeichnet sie als die vierte Gewalt im Staat: Medien im Allgemeinen, die Presse im Besonderen. Der Befund wird vor allem dann ausgestellt, wenn öffentlich Fehlleistungen der anderen drei Säulen (Verwaltung, Gesetzgebung und Gerichtsbarkeit) in der Kritik stehen. In entwickelten Demokratien also eigentlich immer. In Österreich wurden Bedeutung und Wert der Presse zuletzt vor allem im Zusammenhang mit dem sogenannten „Ibiza-Skandal" und der Berichterstattung über die SARS-COV2-Pandemie (Coronavirus) hervorgestrichen: von Politikern, Experten, Wirtschaftslenkern, anderen Personen des öffentlichen Lebens und letztlich von Medienmachern und Journalisten selbst.

Ein Beispiel: Nachdem sich der ehemalige Vizekanzler und FPÖ-Chef Heinz-Christian Strache nach reichlichem Alkoholkonsum im Sommer 2017 vor versteckter Kamera in einer präparierten Finca auf Ibiza um Kopf und Kragen geredet und die Veröffentlichung von Teilen des dabei angefertigten Videomaterials im Frühling 2019 die ÖVP-FPÖ-Regierung gesprengt hatte, wurde auch Kritik an den Überbringern der Information laut: von Strache selbst, von seinem Kompagnon Johann Gudenus, der ebenfalls auf dem Video zu sehen ist, und von ihren Fans, Anhängern und politischen Unterstützern. „Die Medien", so hieß es, betrieben eine Negativkampagne.

Eine Kritik, die sich der „Verein der Chefredakteurinnen und Chefredakteure" verbat. In einer gemeinsamen Erklärung wiesen

Österreichs Redaktionsleiter darauf hin, wie wichtig die von ihnen geführten Medien als Kontrollinstanz für eine Demokratie wie Österreich seien: von A wie Austria Presseagentur (APA) bis W wie „Wiener Zeitung". Und dass neben der Suche nach den Urhebern des Videos auch das Verhältnis zwischen Politik und Medien auf dem Prüfstand stehe.

„Dass Politik vom direkten Zugriff auf Medien träumt, ist in Österreich keine besondere Eigenschaft einer einzigen Partei", schrieben dazu die Chefredakteure in ihrem Statement.[9] „Wer Macht hat oder will, sucht auch nach Wegen, die Kontrollore dieser Macht zu kontrollieren. [...] Wer die Grenze zwischen Journalismus und Politik missachtet, gefährdet die Grundlagen der Demokratie." Oder anders formuliert: Ohne möglichst unabhängige und verlässliche Informationen für die Bevölkerung, den Souverän, funktioniert es nicht.

Weil verlässliche Informationen die Grundlage für jede halbwegs qualifizierte Debatte oder Auseinandersetzung sind, werden Medien und Presse in vielen Ländern mit öffentlichen Mitteln, also letztendlich Steuergeld, gefördert. Dieser Argumentation folgen Länder wie Österreich, Frankreich, Norwegen oder Schweden. Hier schüttet der Staat Jahr für Jahr unterschiedlich hohe Summen mit der Idee aus, im Sinne der Pflege der Demokratie eine gewisse Vielfalt von Titeln, Standpunkten oder Meinungen zu erhalten, die aufgrund der Marktverhältnisse sonst wohl schon verschwunden wären. Dieser Denkansatz ist durchaus vergleichbar mit dem Erhalt anderer Infrastrukturen, die sich selbst nicht tragen könnten – oder nur sehr schwer, wie beispielsweise die Eisenbahn, bestimmte kulturelle Angebote und Bildungseinrichtungen.

Die Idee von der direkten Förderung der Presse stellt weltweit gesehen jedoch ein Minderheitenprogramm dar, und das nicht nur deshalb, weil vor allem autoritär geführte Länder gar kein Interesse an einer starken, kritischen, mit staatlichen Mitteln gestützten Presse haben, die dafür noch dazu unabhängig sein will. In einer ganzen Reihe von Nationen ist man der Ansicht, dass direkte Zahlungen vom Staat an Medien deren Unabhängigkeit untergraben, ihr Ansehen beim Publikum beschädigen könnten. Deutschland ist so ein Land.

Oder die Schweiz. Und eine Vielzahl anderer Nationen, wo man die Presse vor allem indirekt in Form von zum Beispiel Steuererleichterungen wie geringeren Mehrwertsteuersätzen fördert oder mit Zuschüssen für den Versand der Zeitungen per Post. Solche Modelle haben den Vorteil, dass sie sich dem direkten Eingriff einzelner Politiker weitgehend entziehen.

Ein Ansatz, der hierzulande nicht statt, sondern zusätzlich zur regulären Presseförderung verfolgt wird. Allerdings vor dem Hintergrund, dass österreichische Regierungen im Lauf der vergangenen Jahre und Jahrzehnte die reguläre, gesetzlich reglementierte, öffentlich permanent debattierte Presseförderung auf den vergleichsweise geringen Betrag von 8,9 Millionen Euro jährlich gekürzt und die faktisch freihändig mögliche Vergabe von Werbeaufträgen in Form der Schaltung von Inseraten auf ein Vielfaches erhöht haben. Seit einigen Jahren schon fordern deshalb einige Medienmacher, Journalisten und Experten eine Reform der Presseförderung. Der Gedanke, der dabei zum Ausdruck kommt, hat einiges mit Glaubwürdigkeit und Ansehen beim Publikum zu tun. Mittel aus der Presseförderung, so die Idee, würden nach klar definierten Kriterien vergeben. Für Ausschütter und Empfänger bestehe Rechtssicherheit. Was bedeutet das im Alltag?

Im Idealfall schützt das vor Willkür. Ein Beispiel: Eine Redaktion berichtet ausführlich über Fehlleistungen einer bestimmten Ministerin. Der Amtsinhaberin gefällt das nicht, daher suchen sie und ihr Team nach Wegen, um genügend Druck auf das Medium auszuüben, damit die Berichterstattung in der Sache endet. Der (fast immer) wirkungsvollste Hebel dafür ist: Geld. Je schwieriger die wirtschaftliche Situation einer Redaktion ist, desto länger wird dieser Hebel. Ansetzen kann besagte Politikerin ihn jedoch nur, weil ihr Haus bei besagtem Medium zahlungskräftiger Inseratenkunde ist. Zahlungen für – mehr oder weniger notwendige – Behördenwerbung können nahezu beliebig gewährt oder eingestellt werden. Geldflüsse aus der Presseförderung jedoch nicht. Das sichert das Gesetz. Zumindest kurzfristige Manöver sind damit (fast) ausgeschlossen.

Medien leben und sterben mit dem Grad ihrer Glaubwürdigkeit beim Publikum. Die Debatte um den Begriff der sogenannten „Lügenpresse" hat das auf eindrucksvolle Art und Weise gezeigt.

Deshalb streichen Spitzenvertreter etablierter Medien regelmäßig die eigene Unabhängigkeit von der Politik hervor. So wie in der gemeinsamen Erklärung der Chefredakteure nach der Veröffentlichung des „Ibiza-Videos".

Die Affäre um das Skandal-Video offenbarte die Sensibilität des Themas jedoch auch in einem anderen Detail. Selbst der Anschein von zu großer Nähe zwischen einer Redaktion und der Politik verursacht in Sachen Glaubwürdigkeit immensen Schaden. Kluge Medienmacher wissen das, spüren es förmlich. Im Laufe jenes heimlich aufgezeichneten Abends auf der Baleareninsel träumte Heinz-Christian Strache mit einem zu zweifelhafter Berühmtheit gelangten Sager davon, wie man „zack, zack, zack" und mit dem Geld einer (falschen) Oligarchen-Nichte die Redaktion der „Kronen Zeitung" umbauen könnte. „Drei, vier Leute, die müssen gepusht werden. Drei, vier Leute, die müssen abserviert werden. Und wir holen gleich noch mal fünf neue rein, die wir aufbauen", denn: „Journalisten", so Strache, „sind ja sowieso die größten Huren auf dem Planeten. Sobald sie wissen, wohin die Reise läuft, funktionieren sie so oder so. Man muss es ihnen ja nur kommunizieren." Nur einen lobte er ausdrücklich: Richard Schmitt, damals Chefredakteur von „krone.at", dem Web-Dienst der größten Zeitung des Landes.

Strache nannte ihn einen „der Besten, die es gibt". Öffentliches Lob, auf das der Angesprochene in dieser Konstellation vermutlich gerne verzichtet hätte. Die „Kronen Zeitung" wandte sich nach Bekanntwerden von Straches Fantasien nämlich direkt an ihr Publikum. In einem Kommentar, der im gedruckten Blatt und auch online[10] erschien, erklärte der unter einem Pseudonym publizierende „Aurelius", dass sich die Redaktion weder Politikern noch Investoren verpflichtet fühle, sondern ausschließlich ihren Lesern. Der 2010 verstorbene „Krone"-(Neu-)Gründer Hans Dichand schrieb häufig unter dem Pseudonym „Cato". „Aurelius" wird seinem Sohn, dem heutigen Haupteigentümer und Chefredakteur Christoph Dichand, zugeordnet. Richard Schmitt räumte anschließend seinen Sessel in der Online-Chefredaktion, ging zunächst mehrere Wochen auf Urlaub, machte kurz Zwischenstation bei „krone.tv" und verließ zweieinhalb Monate nach der Veröffentlichung des „Ibiza-Videos" die „Krone".

Warum Heinz-Christian Strache ausgerechnet ihn im Rahmen des verhängnisvollen Finca-Abends so lobte? Schmitt erklärte sich dazu öffentlich. Strache wisse, „dass ich mich nie kaufen lassen würde". Denn: „Über alle Politiker objektiv und fair zu berichten und die Arbeit nicht von persönlichen Interessen beeinflussen lassen, das machen eben nur wenige."[11]

Verteilung: Jeder ist sich selbst am nächsten

Objektiv, fair, frei von persönlichen Interessen. Im Wettbewerb um Glaubwürdigkeit beim Publikum sind die von Schmitt genannten Eigenschaften zweifellos gefragt. Um sie auch in Zukunft zu erhalten und der Politik den Hebel der willkürlichen Inseratenvergabe zu entziehen, fordern verschiedene Branchenvertreter und Experten seit Jahren, die Presseförderung zu reformieren. Oder präziser: sie zu erhöhen. Doch wie soll eine Presseförderung der Zukunft verteilt werden? Welche Kriterien sind dazu geeignet, zu unterscheiden, was im öffentlichen Interesse förderwürdig ist und was nicht? Wie sensibel und von welchen durchaus eigennützigen Interessen getrieben die Debatte darüber ist, zeigte eine kompetent besetzte Diskussionsveranstaltung zum Thema, die im Herbst 2020 vom Presseclub Concordia ausgerichtet wurde. Medienpolitik in Österreich ist nämlich auch Interessenpolitik und ein Wettstreit um die Deutungshoheit darüber, welche Publikation zu den Anständigen gehört – und welche nicht.

Es ist der 26. November 2020. Österreich befindet sich mitten im zweiten sogenannten „harten Lockdown" der Corona-Pandemie. Um die Weiterverbreitung des Virus zu dämpfen, gelten im gesamten Land ganztägig Ausgangsbeschränkungen. Veranstaltungen sind verboten. Trotzdem will der Wiener Presseclub Concordia diskutieren, und zwar über nicht weniger als „Die Zukunft der österreichischen Medien", wie der Titel der Veranstaltung verspricht. Doch wo und wie?

Normalerweise hätte die angesehene und traditionsreiche Journalistenvereinigung die Veranstaltung in ihrem repräsentativen Hauptquartier im 1. Wiener Gemeindebezirk ausgerichtet. Das Concordia-Haus in der Bankgasse 8 befindet sich in unmittelbarer Nähe zu den Schaltstellen der Republik: Präsidentschaftskanzlei,

Bundeskanzleramt, Vizekanzleramt, Innen-, Außen- und Bildungs-ministerium sind nur wenige Meter entfernt. Das denkmalgeschützte Gebäude, in dem der Presseclub seinen Sitz und ein Veranstaltungs-zentrum betreibt, ist den Organen des Staates nicht nur geografisch nahe. Über eine Tochtergesellschaft der Bundesimmobiliengesell-schaft (BIG) gehört es: der Republik. Vor wenigen Jahren wurde das Haus, dessen Wurzeln bis in die Gotik zurückreichen, für fünf Millio-nen Euro saniert. Den Arbeiten vorausgegangen war ein langer Streit, weil der Eigentümer das Gebäude lange Zeit verfallen ließ, sich selbst überließ, keine Investitionen tätigte. Der Grund dafür war schlicht-weg fehlende Wirtschaftlichkeit. Der Mietvertrag mit dem Presseclub ist nämlich ein stark vergünstigter. Nachdem das NS-Regime den Journalisten- und Schriftstellerverein aufgelöst und enteignet hatte, betrachteten Bundesregierung und Concordia bei der Neugründung des Vereins die günstigen Konditionen als legitime Wiedergutmachung.

An diesem Abend im November 2020 steht das Concordia-Haus Podium und Publikum also nicht zu Verfügung. Folglich weicht die Runde dorthin aus, wo seit Beginn der Pandemie jede Menge andere Veranstaltungen und Diskussionen stattfinden: ins Internet.

Über die Videokonferenz-Software „Zoom" wählen sich ein: Concordia-Präsident Andreas Koller (stellvertretender Chefredakteur der „Salzburger Nachrichten"), seine Vizepräsidentin Katharina Schell (Medien-Redakteurin und Mitglied der Chefredaktion bei der Austria Presseagentur), Concordia-Generalsekretärin Daniela Kraus, die Abgeordneten zum Nationalrat und Mediensprecher ihrer jewei-ligen Parlamentsklubs Thomas Drozda (SPÖ), Eva Blimlinger (Grüne) und Henrike Brandstötter (NEOS) sowie Andy Kaltenbrunner, Leiter der außeruniversitären Forschungseinrichtung Medienhaus Wien (MHW). Die Debatte startet pünktlich um 18 Uhr. Obwohl die knapp eineinhalb Stunden auch live und weltöffentlich via Videostream übertragen werden[12], ist das Publikumsinteresse eher gering. So wie die Meinungsunterschiede der Diskutanten. Ob, und wenn ja, wie Medienpolitik in Österreich gestaltet und die Förderung der Presse reformiert werden sollte, darin ist man fast immer der gleichen Auf-fassung. Stark vereinfacht gesagt ist man sich darüber einig, dass „Qualität" das bedeutendste Förderkriterium sein sollte. Deren Defi-nition bleibt die Runde jedoch schuldig. So wie innere Meinungsvielfalt, Diversität und qualifizierten Widerspruch bei der Besetzung der Gesprächspartner. Also genau das, was eine zu reformierende Presseförderung in den begünstigten Redaktionen sichern soll.

Das hat einerseits damit zu tun, dass die laut Veranstalter eingeladenen Vertreter von ÖVP und FPÖ nicht an der Debatte teilnehmen wollten, aber auch damit, dass sich die Teilnehmer offenbar alle gut kennen – oder zumindest deren jeweilige Position. Auch das ist interessant für die wenigen Zuhörer im Publikum. Manche Diskutanten pflegen das Du-Wort miteinander. Das Gesprächsklima erweckt fast den Eindruck, als finde ein Treffen unter Freunden statt – es wird sogar geraucht.

Widerworte von denen, die Qualität nicht vom Format des bedruckten Papiers abhängig machen und die laut Ansicht der Diskutanten in Zukunft weniger bis gar keine Presseförderung mehr erhalten sollten, sind nicht zu hören: Aus dem Magazin- oder Boulevardsegment ist niemand dabei. Und auch kein Experte oder Medienwissenschaftler, der festhält, dass eben diese Boulevardzeitungen trotz ihrer manchmal lautstarken Berichterstattung für über 2 Millionen Menschen im Land dennoch eine wichtige (Informations-)Funktion erfüllen. Im regionalen Umfeld zum Beispiel, das die Großformate aus der Hauptstadt fast zur Gänze auslassen.

Nur einmal entsteht nach etwa einer Stunde Gesprächszeit eine echte Diskussion, Meinungsaustausch, kommt es zum Ringen um die argumentative Oberhand: Zunächst schildert Eva Blimlinger, Abgeordnete der Grünen, wie schwierig es war, die – im Gegensatz zum Print-Sektor – winzige Corona-Sonder-Medienförderung an Online-Medien auszuschütten. Sie erzählt, dass das deshalb so schwierig gewesen sei, weil die meisten potenziellen Empfänger nicht dazu in der Lage waren, die entsprechenden Formblätter für die Förderanträge auszufüllen. Ein Argument, bei dem Thomas Drozda „rote Punkte" im Gesicht bekommt. Zumindest begründet er so seinen Zwischenruf. „Wenn man so etwas Neues macht, dann muss man sich die Betroffenen auch mit an den Tisch holen. Dann holen die sich ihr Geld auch ab." Der ehemalige Medienminister im Kanzleramt unter Rot-Schwarz (2016 bis 2017) ist überzeugt davon, dass die Aktion der Regierung im Sommer 2020 schlichtweg schlecht geplant, letztendlich „seltsam und befremdlich" war. Als Blimlinger signalisiert, in die inhaltliche Auseinandersetzung gehen zu wollen, bricht Moderatorin Schell ab. „Tolle Diskussion, aber wir sollten uns über dieses Detail nicht zu sehr austauschen."

Intensiven Austausch pflegt die Gruppe an jenem Abend jedoch zum Thema Presseförderung. Und auch wenn mit der ÖVP der gewichtigere der beiden Regierungspartner fehlt: Das Gesagte ist in der österreichischen Medienlandschaft von Bedeutung, wird ernst genommen. Nicht nur, weil mit Blimlinger die Mediensprecherin der zweiten Regierungspartei anwesend ist, sondern weil auch die anderen Diskutanten über einen guten Ruf und Einfluss verfügen.

Thomas Drozda ist als SPÖ-Mediensprecher nicht nur Vertreter der größten Oppositionspartei im Nationalrat. Seine Partei steht im Ruf, mit Ex-Bundeskanzler Werner Faymann das „Mediensponsoring" durch die Schaltung von Inseraten in der heutigen Form regelrecht erfunden zu haben. Zudem war er – siehe oben – Kanzleramtsminister mit Zuständigkeit Medien. Mit der Stadt Wien lenkt die SPÖ auch jene Gebietskörperschaft, die in den vergangenen Jahren an Medien Werbeaufträge im Gegenwert von 14 bis 28 Millionen Euro jährlich vergab.[13] Ein Etat, über dessen Verteilung in Zukunft die Wiener Landesgruppe von Henrike Brandstötters NEOS-Partei mitentscheiden wird. Seit dem Herbst 2020 bildet diese in Wien eine Koalition mit der SPÖ.

Auch die Stimme von Andy Kaltenbrunner hat Gewicht. Jedenfalls im Wechselspiel zwischen Medien und Politik. Zu tun hat das mit dem Medienhaus Wien (MHW), das er mitgegründet hat und dem er vorsteht. Das MHW ist eine außeruniversitäre und sehr praxisnahe Forschungs- und Bildungseinrichtung zu den Themenkreisen Journalismus und Medienpolitik. Vor seinem Wechsel in die Forschung war Kaltenbrunner selbst als Journalist tätig. Zunächst bei der SPÖ-eigenen „Arbeiter-Zeitung", später bei den Magazinen „Trend" und „Profil".

Über Einfluss und Gehör bei Dritten verfügen auch die beiden anwesenden Journalisten Andreas Koller und Katharina Schell.

Schell ist, obwohl dem Publikum namentlich kaum bekannt, die vermutlich meistgelesene Journalistin zum Thema. Als Medienredakteurin der Austria Presseagentur beliefert sie praktisch alle Redaktionen des Landes mit Nachrichten über Medienpolitik, Presseförderung, Medienmarkt, Inseratenvergabe und vieles mehr. Berichte mit der Quellenangabe „APA" stammen häufig von ihr.

Über weniger Leser, dafür umso mehr persönliche Bekanntheit verfügt Andreas Koller. Neben seiner Führungsfunktion bei den „Salzburger Nachrichten" (stellvertretender Chefredakteur, Leiter der Innenpolitik) tritt er regelmäßig im Fernsehen auf, schreibt Bücher und setzt sich auf mehreren Ebenen für mehr Qualität im Journalismus ein: als Mitglied des Presserats[14], des Selbstkontrollorgans der österreichischen Presse, als Vorsitzender des publizistischen Beirats des Verbands Österreichischer Zeitungen (vöz)[15] und als Vorstandsmitglied der Initiative für Qualität im Journalismus.[16] Mehrfach wurde er von den Leserinnen und Lesern des Branchenmagazins „Der österreichische Journalist" zum „Journalisten des Jahres" gewählt.

Medienpolitisch hat Koller eine starke Meinung. In der Videokonferenz mit anderen Meinungsmachern äußert er sie klar und deutlich. Er sagt: „Was mir und auch der ‚Concordia' ein großes Anliegen ist, das sind die Kriterien, nach denen Inserate und Presseförderung vergeben werden." Dann erklärt er, was er damit meint, erzählt vom Terroranschlag von Wien und von den Ereignissen des Abends vom 2. November 2020. Damals zog ein junger Mann, offenbar angetrieben durch islamistische Ideologie, schießend und mordend durch ein Ausgehviertel der Innenstadt. Vier Menschen starben, 23 wurden schwer verletzt. Alle TV-Sender und Online-Portale des Landes waren live „drauf", darunter auch „krone.tv" und „OE24.TV". „OE24", sagt Koller, „hat sich in der Terrornacht völlig vergessen und die irrsten Videos online gestellt." Tatsächlich gab es damals aus dem Publikum zahlreiche Beschwerden darüber, dass auf den genannten Portalen Videos vom Attentat zu sehen waren. 1.500 Beschwerden langten beim Presserat ein. Behandelt wurden sie vom Senat 2, in dem Koller sitzt, für den er öffentlich spricht. Verurteilungen durch dieses Gremium will Koller nun, das sagt er als stellvertretender Chefredakteur der „Salzburger Nachrichten" und als Concordia-Präsident, als Kriterium für die Vergabe von Presseförderung und von Regierungsinseraten sehen. „Ich werfe das bewusst zusammen", sagt er. Er verweist darauf, dass die Handelsketten Spar und Rewe (unter anderen Billa, BIPA und Penny) zumindest kurzfristig bei den genannten Medien Werbeschaltungen stornierten. „Gewinngetriebene Gesellschaften haben da höhere ethische Standards angelegt als die Politik." Und weiter: „Das ist etwas, das uns allen nicht gefallen kann."

Wenige Monate später, im Februar 2021, geschieht genau das, was Koller fordert. Jener Senat, dessen Mitglied Koller ist, verurteilte die Berichterstattung der genannten Medien wegen Verstößen gegen den Ehrenkodex der österreichischen Presse.[17]

Kollers Äußerung bleibt bei den Mitdiskutanten und den Zuhörern im Online-Publikum unwidersprochen. Im konkreten Fall nimmt ein Spitzenjournalist die Rollen des Anklägers (Concordia-Präsident), Richters (Presserat-Mitglied) und potenziell begünstigten Mitbewerbers (Führungskraft der „Salzburger Nachrichten") gleichzeitig ein. Ist das miteinander vereinbar? „Sauber"? Für das vorliegende Buch bemühten wir uns mehrfach um eine Stellungnahme Kollers hierzu. Mehrfach ohne Erfolg.

Immerhin: Gegenüber den anderen Personen auf dem Podium zeigt er sich selbstreflexiv, habe nichts dagegen, dass sich eine Bundesregierung ein Inseratenbudget gönne. „Das sage ich auch aus Pragmatismus, weil da wird wahrscheinlich auch das eine oder andere Inserat für die ‚Salzburger Nachrichten' abfallen." Aber das sei nicht der Beweggrund für das, was er sage.

Im Laufe des Abends wird in der Debatte noch ein weiteres Dilemma österreichischer Medienpolitik offenbar. Nämlich die Antwort auf folgende Fragen: Soll sich die Vergabe der Presseförderung an für alle Marktteilnehmer fair gestalteten und objektiv erklärbaren Kriterien orientieren? Oder wurden und werden in Vergangenheit und Zukunft diese Kriterien stets so gestaltet, dass nur die vermeintlich Richtigen davon profitieren und die vermeintlich Falschen nicht?

Grünen-Mediensprecherin Eva Blimlinger offenbarte dazu die Pläne ihrer Fraktion. Ziel sei einerseits, gezielt den Wechsel von gedrucktem zu digital vertriebenem Journalismus zu fördern („Transformation"). Andererseits aber nur bei Medien, die ideologisch korrekt verortet sind. Zumindest aus Sicht der Grünen. „Uns ist wichtig, dass bestimmte Medien, wie zum Beispiel ‚Unzensuriert', keine Förderung bekommen."

Gemeint hat Blimlinger „unzensuriert.at". Das Web-Magazin gilt als FPÖ-nahe und vertritt eine dezidiert stark rechte Redaktionslinie.

Selbstbeschreibung: „Demokratisch, kritisch, polemisch und selbst-
verständlich parteilich." Unabhängig davon, ob man die vertretenen
Standpunkte teilt oder nicht: Wie viele andere Positionen auch blieb
Blimlingers Äußerung dazu unwidersprochen stehen. Im Laufe einer
Veranstaltung der bedeutendsten Journalistenvereinigung des Lan-
des, die sich selbst in ihrem Mission Statement so beschreibt: „Die
Concordia wacht über Presse- und Meinungsfreiheit."[18]

Wie wird in Österreich also entschieden, welche Titel wie viel
Förderung erhalten?

KommAustria und RTR:
Die Fördermaschinen des Kanzleramts

Tausende Menschen spazieren an der gläsernen Fassade jeden Tag
vorbei. Viele von ihnen sind in Gedanken versunken, blicken geistes-
abwesend auf ihre Smartphones und nutzen Mediendienste aller Art:
Facebook, YouTube, Nachrichtensites. Oder sie telefonieren. Wenn es
warm ist, sitzen die Menschen auch vor dem Gebäude mit der Adresse
Wien, Mariahilfer Straße 77–79. Die Passanten genießen das Flair der
Fußgängerzone, machen Pause, blättern in Zeitschriften oder holen
sich aus der Filiale des Supermarkts im Erdgeschoss etwas zu essen
für die Mittagspause.

Die allerwenigsten kämen auf die Idee, dass in den Büroräumen
hinter der Fassade all das reguliert, überprüft, gesteuert und zum Teil
auch gefördert wird. Die Mediendienste nämlich, nicht der Lebens-
mittelhandel.

Einer der Mieter der Immobilie ist die Medienbehörde der
Republik, KommAustria genannt. Sie ist für vielerlei Dinge zustän-
dig: für die Kontrolle von Telekom- und Post-Angelegenheiten,
Sendelizenzen, Frequenzvergaben. Und für die Beantwortung der
Frage, ob der ORF, das mit Abstand größte Medienunternehmen im
Land, die ihm auferlegten Regeln einhält, dem öffentlich-rechtlichen
Programmauftrag nachkommt. Die Behörde bearbeitet Beschwerden
und prüft, ob das vom Publikum eingehobene Programmentgelt ange-
messen ist. Sprich: den tatsächlichen Kosten des Senders entspricht.

Die KommAustria verteilt jedoch auch Geld im Auftrag der Republik. Insgesamt geht es dabei durchaus um relevante Summen. Die

Medienbehörde entscheidet auf Basis der Gesetze darüber, welche Medien Zuschüsse von der öffentlichen Hand, also aus dem Steuertopf, erhalten. Angesichts des Einflusses von Medien auf die öffentliche Debatte und Meinung ist das eine verantwortungsvolle Aufgabe. Entsprechend politisch sensibel sind hierzulande die Gestaltung der jeweiligen Gesetze und die Besetzung der Behörde selbst.

Im Chefsessel in der Mariahilfer Straße 77–79 darf seit 2004 Michael Ogris Platz nehmen. Er ist gewissermaßen das Urgestein der insgesamt fünfköpfigen Behörde. Unterstützt wird der ehemalige Mitarbeiter des Verwaltungsgerichtshofes von Susanne Lackner, Martina Hohensinn, Thomas Petz und Katharina Urbanek (Stand Jänner 2021).[19] Allesamt Juristen von tadellosem Ruf.

Der Bestellungsprozess der Behördenmitglieder ist überaus heikel. Die Regierung redet dabei mehr als nur ein Wort mit. Auch wenn die KommAustria per Gesetz unabhängig von äußeren Einflüssen gestellt und formal weisungsfrei ist, handelt es sich um eine nachgeordnete Dienststelle des Bundeskanzleramts, von wo aus seit jeher die gestalterischen Eingriffe in der Medienpolitik kommen. Der jeweilige Amtsinhaber im Bundeskanzleramt ist es auch, der faktisch darüber entscheidet, wer in der Behörde sitzt. So wie in vielen Führungspositionen in der Spitzenverwaltung der Republik. Wie das funktioniert?

Auf dem Papier, also im KommAustria-Gesetz, steht, dass die Mitglieder der KommAustria von der Bundesregierung vorzuschlagen sind. Im Hauptausschuss des Parlaments müssen diese mit Mehrheit bestätigt werden. Für eine Regierung, die mit ihren eigenen Parlamentsklubs nicht auf Kriegsfuß steht, stellt das in Wahrheit keine Hürde dar. Die letzte Unterschrift zur Bestellung auf sechs Jahre setzt schließlich der Bundespräsident. Mehrere Amtszeiten sind möglich.

Die wirkliche Auswahl der Behördenmitglieder geschieht jedoch schon früher. Die Positionen sind nämlich vom Bundeskanzler öffentlich auszuschreiben. Zwar besteht formal also ein Wettbewerb zwischen allen, die sich bewerben, im Alltag der Bundespolitik fällt die tatsächliche Entscheidung bei solchen Verfahren dennoch anders. So erzählt es uns ein Sektionschef (Präsidium) eines Ministeriums, der selbst unzählige Besetzungen von Spitzenfunktionären der Verwaltung begleitet hat. Um Konsequenzen seitens der Politik zu vermeiden, muss er unerkannt bleiben.

„Im Grunde", erklärt er uns bei einem Treffen im Wiener Regierungsviertel, „funktioniert das in allen Ministerien gleich." Noch bevor der Ausschreibungstext in der „Wiener Zeitung" veröffentlicht wird, würden, wenn sie es nicht ohnedies wollen, die bevorzugten Kandidaten ermutigt, sich zu bewerben. Jenen, die womöglich Interesse entwickeln könnten, aber unerwünscht sind, bedeute man umgekehrt, dass dies nicht zu empfehlen sei. „Nicht selten wird dabei gewissermaßen als Lockmittel auf baldige Karrierechancen auf anderen Positionen verwiesen."

Anschließend kommt es zur Ausschreibung. Der entscheidende Akt ist die Ausgestaltung der im Amtsblatt der „Wiener Zeitung" zu veröffentlichenden Stellenanzeige. „Dabei werden ganze Texte gezielt auf bestimmte Kandidaten hin geschrieben", erzählt der Spitzenbeamte. Das laufe über Voraussetzungen wie ein bestimmtes Studium, vorangegangene Positionen, Führungserfahrung und vieles mehr. Der Fantasie seien dabei (fast) keine Grenzen gesetzt. Nur diskriminierend dürfe eine Ausschreibung nicht sein.

Für die (meistens wenigen) Bewerber, die den Anforderungen entsprechen, gibt es darüber hinaus noch einen weiteren Filter, und zwar die sogenannten „unabhängigen Begutachtungskommissionen". Sie empfehlen den politischen Ressortchefs letztlich die Auswahl der objektiv bestgeeigneten Person. Jedoch: „Die Wünsche der politischen Führung werden innerhalb dieser Kommissionen in der Regel zum Selbstläufer", erzählt der Sektionschef. Wünsche, die zuvor entsprechend übermittelt würden. Weniger in Form direkter Ansprache: „Das geschieht meistens zwischen den Zeilen und mit Sätzen wie: ‚Jemand mit dieser oder jener Erfahrung würde uns sicher personell bereichern'", sagt der Mann, der selbst zu seinem ÖVP-Hintergrund steht. „Warum sollte ich das verleugnen?"

Zuordenbare oder einfach nur verlässliche Leute wie er sind dann auch das Trumpf-As der Politiker. Meistens sind es nämlich die Sektionschefs der sogenannten Präsidiale, die den Kommissionen vorsitzen und bei Stimmengleichheit der Mitglieder den Unterschied bei solchen Entscheidungen ausmachen. „So wird es am Ende fast immer der oder die Richtige", sagt der Mann. All das – und das ist ihm im Rahmen des Gespräches wichtig festzustellen – bedeute jedoch nicht, dass damit automatisch Ungeeignete in verantwortungsvolle

Positionen kämen. Aber natürlich sei auch das nicht gänzlich ausgeschlossen.

Der KommAustria kann der Bundeskanzler keine direkten Weisungen erteilen. Sie trifft ihre Entscheidungen in Kleinstgruppen, sogenannten Senaten, die aus den fünf Behördenmitgliedern gebildet werden. Weil diese fünf Personen mit der Bearbeitung des gesamten Zuständigkeitsbereiches jedoch heillos überfordert wären, geschieht die eigentliche (Vor-)Arbeit woanders: in der Rundfunk und Telekom Regulierungs-GmbH (RTR).

Solche Konstruktionen gibt es in der Verwaltung auch noch an anderen Stellen. Zum Beispiel im Gesundheitswesen. Das Bundesamt für Sicherheit im Gesundheitswesen (BASG) ist so eine Behörde. Sie ist unter anderem für die Zulassung von Arzneimitteln zuständig. Eine Aufgabe, die die drei Behördenmitglieder vollumfänglich nie allein bewältigen könnten. Tatsächlich wird die eigentliche Arbeit von der öffentlich deutlich bekannteren Agentur für Gesundheit und Ernährungssicherheit GmbH (AGES) erledigt. Zwischen KommAustria und der RTR funktioniert es genau gleich.

Die RTR hat etwa 120 Mitarbeiter, die sich auf zwei Fachbereiche verteilen: einen für Telekommunikation sowie Post und einen anderen für Medien. Beide Abteilungen haben jeweils eigene Geschäftsführer mit einem Jahresgrundgehalt von 170.000 Euro (2019). In beiden Bereichen sieht man an den Umständen der Bestellung ihrer Leiter, dass sich die Politik ihren Einfluss dort erhalten will. Auf die Behörde, ihren Hilfsapparat, die Vergabe von Presseförderung und damit letztlich die geförderten Medien selbst – wenn auch nur indirekt, und sei dies nur durch Vertrauen in eine fachlich kompetente Führungskraft bei KommAustria oder RTR. Schaut man genau hin, sind die entsprechenden Spuren nur allzu deutlich.

Im Bereich Telekom und Post ist das aktuell Klaus Steinmaurer, der über große Erfahrung auf dem Gebiet aus seiner Zeit bei T-Mobile und der Deutschen Telekom verfügt – und über „sehr gute Kontakte zur FPÖ". So schrieb es jedenfalls die Tageszeitung „Die Presse".[20] Als Geschäftsführer eingesetzt hat Steinmaurer deshalb auch der ehemalige freiheitliche Infrastrukturminister Norbert Hofer. Zuvor hatte dieser Steinmaurers Vorgänger, Johannes Gungl, mitgeteilt, dass sein

Fünfjahresvertrag nicht verlängert werde. Gungl war von einer von Hofers Vorgängerinnen, der Sozialdemokratin Doris Bures, eingesetzt worden.

Im RTR-Bereich für Medien, also jenem Teil, der die Verteilung der Fördermillionen für die Bereiche Presse, Rundfunk und Digitales abwickelt, zeigt sich ein ähnliches Bild. Aktuell führt hier Oliver Stribl die Geschäfte. Eingesetzt hat ihn im Sommer 2017 der damals zuständige Minister für Medien im Kanzleramt, Thomas Drozda (SPÖ), und zwar kurz vor jenen Nationalratswahlen, die an der Regierungsspitze den Wechsel von der SPÖ (Christian Kern) zur ÖVP (Sebastian Kurz) brachten.

Stribl, ein Mann mit Erfahrung im Medienbereich, hat sozialdemokratischen Stallgeruch. Er war lange Zeit im Presse- und Informationsdienst (PID) der Stadt Wien tätig. Zunächst als Sachbearbeiter, später als Leiter der Abteilung. Hinter dem unspektakulären Kürzel verbirgt sich eine der einflussreichsten medienpolitischen Einrichtungen der Republik. Über den PID erteilt Wien an Medien meldepflichtige Werbeaufträge im Gegenwert von 14 bis 28 Millionen Euro pro Jahr. Ein mächtiges politisches Instrument.

Am Beispiel von Stribls Bestellung zeigt sich noch in weiterer Details das hohe Interesse der Politik an der Position, von der aus Österreichs Presse mit Förderungen bedacht wird. Der Bestellvorgang etwa könnte aus der Distanz betrachtet genau jenem Muster entsprechen, das uns der vertraulich befragte Sektionschef so detailliert beschrieben hat. Denn ein Detail des Anforderungsprofils, das im Text der Stellenausschreibung am 6. Mai 2017 im Amtsblatt der „Wiener Zeitung" veröffentlicht wurde, passt exakt auf den Lebenslauf von Stribl. Zufall? Gleich als zweitgenannte Voraussetzung für den Job steht da: „Einschlägige Berufserfahrung in leitender Funktion in der öffentlichen Verwaltung und allenfalls auch in einem zumindest mittelständischen Unternehmen." Da passte es gut, dass er eineinhalb Jahre vorher den PID in Richtung Privatwirtschaft, zu einem mittelständischen Unternehmen, verlassen hatte: Stribl war zwischenzeitlich nämlich Co-Geschäftsführer des Fachverlags Manstein.

Auch Stribls Vorgänger im für die Presseförderung zuständigen Fachbereich der RTR-GmbH war politisch kein unbeschriebenes Blatt. Alfred Grinschgl, der mit Stribls Amtsantritt in den Ruhestand ging, hatte die Abteilung seit ihrer Gründung im Jahr 2001 geleitet. Der Bundeskanzler hieß damals Wolfgang Schüssel (ÖVP), sein für Medien zuständiger Staatssekretär Franz Morak. Grinschgls Geschichte in der Partei? In der Jungen Volkspartei Steiermark brachte er es über Zwischenstationen im Vorstand immerhin bis zum Landesobmann.

Katholiken, Parteien, Familien: Die Empfänger der Förder-Millionen

Wer in der Wiener Mariahilfer Straße am Gebäude von KommAustria und RTR-GmbH vorbeispaziert, den Kopf hebt und genau schaut, sieht eine Fassade mit vielen großen Fenstern. Vor allem der untere Bereich, dort, wo sich die Geschäftslokale befinden, wirkt nach außen hin geradezu transparent. Genau so, wie es die Behörde in ihrem nach außen getragenen Selbstverständnis sein will. Und laut KommAustria-Gesetz auch sein soll: überprüfbar für alle Bürger, die sich immerhin in genau jenen Medien informieren, die sie zu unterschiedlich großen Teilen selbst über die von der KommAustria ausgeschütteten Förderungen finanzieren. Im Verhältnis zwischen Staat, Politik und Medien ist Transparenz in Bezug auf Machtverhältnisse, Geldflüsse und Entscheidungsprozesse besonders bedeutsam. Offenheit schafft Vertrauen. Oder zumindest Wissen darüber, in welcher Beziehung Fördergeber und Fördernehmer zueinander stehen.

Auf die Arbeit von KommAustria und RTR trifft dies in Grundzügen auch zu. Die Gesetze und Richtlinien, nach denen die Förderung der Presse, anderer Publizistik, des kommerziellen und nicht kommerziellen Rundfunks und einzelner Fernsehproduktionen abläuft, kann jeder, der will, einsehen. Einziges Erfordernis: ein Internetanschluss. Im Prinzip jedenfalls.

Bürger aber, die entweder ein langfristiges Gesamtbild des Verhältnisses zwischen der Republik und ihren Medien oder aber Details über Geldflüsse aus dem Steuertopf zu ganz bestimmten Empfängern erfahren wollen, brauchen gute Nerven, sehr viel Zeit und Sachkenntnis. Denn in der gelebten Praxis ist es um die von der Behörde des Bundeskanzleramts erstellte Veröffentlichung der Zahlungen zwischen sich selbst und den Empfängern ähnlich bestellt wie um jene der Europäischen Union und der Rüstungsindustrie: grundsätzlich vorhanden, aber faktisch unbrauchbar.

In der Europäischen Union müssen Hersteller von zum Beispiel Panzerabwehr-Lenkwaffen um Genehmigungen ansuchen, wenn sie ihre Produkte an wen auch immer verkaufen wollen. Bis zur letzten Schraube. Die jeweils zuständigen Behörden der Mitgliedstaaten sind dazu verpflichtet, die Anträge zu bearbeiten, zu dokumentieren und an die Union zu melden. Es ist gesetzlich normiert, dass alle Länder einmal im Jahr nach Brüssel berichten, welche Art von Rüstungsgut wohin verkauft werden soll, zu welchem Geldwert und ob das Ansuchen des Exporteurs genehmigt oder abgelehnt wurde. Die entsprechenden Jahresberichte sind bei der Europäischen Kommission für jeden der 450 Millionen EU-Bürger einsehbar. Kostenlos via Internet, im Namen der Transparenz.

Was auf den ersten Blick geradezu vorbildlich anmutet, hat in der Umsetzung einen entscheidenden Haken: Die Daten werden nicht so aufbereitet, dass sie auch leicht lesbar sind. Tatsächlich überträgt sie die Kommission Jahr für Jahr in jeweils über 500 Seiten starke Dokumente, die man zwar einsehen, aber nicht verstehen kann. Informationen dazu, wie viele Rüstungsgüter welche EU-Nation an welche Länder in der Welt geliefert hat, sind über mehrere Tabellen über das gesamte Dokument verstreut. Dabei sprengen viele Tabellen das Seitenformat und werden nicht auf der Folgeseite, sondern andernorts im Dokument fortgeführt. Die Möglichkeit, die Daten als PDF zu sichern, ist zudem nicht geeignet, gesamtheitliche oder detaillierte Abfragen durchzuführen. Genau genommen sind die Inhalte wertlos.

Die KommAustria des Bundeskanzleramts agiert hinter ihrer gläsernen Fassade in Wien-Mariahilf ganz ähnlich. Sie kommt zwar auf Punkt und Beistrich dem nach, was der Gesetzgeber von ihr verlangt, nämlich die Ergebnisse ihrer Arbeit zu veröffentlichen. Verständlich und wirklich sichtbar wird ihre Arbeit dadurch aber nicht. Das Gesetz will es so.

Besonders deutlich wird das bei der Veröffentlichung der sogenannten Medientransparenzdaten. Erfasst werden darin Werbeaufträge, die öffentliche Stellen wie beispielsweise Ministerien seit 2012 an Medien vergeben, an die KommAustria melden und dort veröffentlichen müssen. Für das Publikum sind diese Daten alles andere als transparent. Zudem werden sie aus Gründen des Datenschutzes nach zwei Jahren gelöscht.

Im Bereich der Förderung der Presse ist das ähnlich. Zwar sind Zahlungen unter diesem Titel im Einzelfall grundsätzlich zu bekommen und verfügbar. Daten, aus denen man Rückschlüsse zu Förderpraxis, finanziellen Abhängigkeiten, Interessenlagen und Entwicklungen ableiten kann, jedoch nicht. Auch nicht auf gezielte Nachfrage.

Nach außen hin rechtfertigen und erklären muss das Andreas Kunigk, der die KommAustria bei der Kommunikation mit der Öffentlichkeit vertritt. Die Behördenleitung und die RTR-Geschäftsführung geben selbst kaum Interviews zur Medienpolitik und zu den von ihnen vergebenen Förderungen. Kunigk, ein gebürtiger Hamburger, war Fachreferent für digitale Medien bei der RTR-GmbH und vor seiner Laufbahn beim Staat selbst Journalist, als solcher in Deutschland bei Radio und Fernsehen tätig, unter anderem bei RTL. Heute, auf der anderen Seite, sagt er, dass seine Behörde Daten darüber, welches Presseprodukt über welchen Zeitraum vom Staat wie viel Geld erhalten habe, nicht weitergeben dürfe. „Wir haben eine Veröffentlichungspflicht, keine Auswertungsbefugnis. Als KommAustria und RTR bieten wir die Daten nur in Rohform an. Wir machen es der Öffentlichkeit damit so leicht wie möglich." In anderen Worten: Die Kommunikationsbehörde legt das ihr auferlegte Transparenzgebot sehr eng aus. Was Gesetz und Geschäftsordnung nicht ausdrücklich vorschreiben, erachtet sie als verboten, auch wenn es dabei nur um die Darstellung und Nutzbarkeit ohnedies verfügbarer Rohdaten geht.

Kunigk hat mit dieser Argumentation die Rückendeckung des ranghöchsten Medienpolitikers im Land. Der sitzt gerade einmal einteinhalb Kilometer Luftlinie von ihm entfernt im holzvertäfelten „Kreisky-Zimmer" des Bundeskanzleramts, Wien, Innere Stadt, Ballhausplatz 2. Sein Name: Sebastian Kurz. Auch wenn KommAustria und RTR formal und in Sachentscheidungen unabhängig von ihm sind, beide sind in die Organisationsstruktur des Kanzleramts eingegliedert. Und der Amtsinhaber dort sagt, dass die derzeitige Darstellung von Zahlungen der öffentlichen Hand an Medien dem Bürger gegenüber ausreichend transparent und detailliert ist. „Umfassend" sogar, und zwar in den Bereichen von „Inseraten, Werbeschaltungen und Förderungen öffentlicher Stellen". Kurz ist der Meinung, dass die gegenwärtige Form „die unverfälschte Darstellung von Daten gewährleistet, welche von jeder Person frei genützt und entsprechend ausgewertet werden kann".[21]

In der Wirklichkeit sieht das so aus: Seit der letzten großen Reform der Presseförderung im Jahr 2004 sind bei der KommAustria tatsächlich alle Zahlungen aus diesem Titel dokumentiert. Allerdings in einer Form, die an die Rüstungsexportberichte der Europäischen Union erinnert. Die frühen Jahre sind als einfache Websites gespeichert, später ging man dazu über, die jährlichen Berichte als nicht strukturiert verwertbare PDF-Dokumente online zu stellen. Erst ab dem Jahr 2009 liegen die Informationen zu den Empfängern in Form einer zeitgemäßen Tabellenkalkulation vor. Doch auch das mit Schwächen.[22] Die Tabellen wimmeln von Fehlern, manche Jahre sind gar nicht vorhanden, andere doppelt. Um die Lücken zu ergänzen, muss man sich die einzelnen schriftlichen Entscheidungen der Behörde ausheben lassen und die darin enthaltenen Daten Zeile für Zeile in Kleinarbeit ergänzen. Erst wer das tut, bekommt ein vollständiges Bild davon, welcher Verlag aus welchem Titel wie viel Förderung aus Steuermitteln erhält.

Stark vereinfacht und zusammengefasst lautet das Ergebnis: Die größten Summen gingen und gehen an Zeitungen, die katholischen Vereinen, Diözesen, der ÖVP und einigen wenigen Verlegerfamilien gehören.

Förderung nach Eigentümer-Gruppen	Fördersumme 2004 bis 2020
Styria Media Group (Kleine Zeitung, Die Presse, Furche etc.)	38.267.341
Familie Bronner (Der Standard)	21.418.994
Russmedia (Vorarlberger Nachrichten, Neue Vorarlberger Tageszeitung)	19.863.820
Oberösterreichische VP (Oberösterreichisches Volksblatt)	17.095.039
Diözesen der katholischen Kirche (Kirchenzeitungen)	12.325.878
Dietmar Wassermann, vorher SPÖ (Kärntner Tageszeitung, eingestellt)	11.850.343
Aistleitner Gruppe, vorher ÖVP Salzburg (Salzburger Volkszeitung, eingestellt)	9.365.455
Familie Dasch (Salzburger Nachrichten, Salzburger Woche)	6.828.616
Moser Holding (Tiroler Tageszeitung, OÖ Rundschau)	4.621.432
Wimmer Holding / Familie Cuturi (Oberösterreichische Nachrichten, Tips)	4.333.731
Familie Dichand / René Benko / Funke Gruppe (Krone)	4.224.924
Raiffeisen / René Benko / Funke Gruppe (Kurier)	4.108.307
VGN Medien Holding	3.583.335
Bauernbund (Die Bauernzeitung, ÖVP)	3.315.304
Niederösterreichisches Pressehaus (Diözese St. Pölten)	2.785.799
Falter Verlag	1.569.224
Familie Falk (Die ganze Woche)	1.354.545
Raiffeisen Media	1.338.388

Förderung nach Eigentümer-Gruppen, Fördersumme in Euro
(Quelle: KommAustria, exklusive der einmaligen Corona-Sonderzahlungen 2020)

Auch wenn Verleger, Chefredakteure und Experten regelmäßig beklagen, dass die Presseförderung in Österreich nur gering dotiert sei (im Vergleich zu Hochsubventionsländern wie Schweden oder Dänemark ist sie das auch): Über die Jahre summieren sich die Zahlungen an einzelne Medien dennoch zu teils beträchtlichen Summen. Rechnet man alle berechtigten Titel zusammen, kommt man auf Mittel in Höhe von 185 Millionen Euro, die seit dem Wirksamwerden des aktuellen gültigen Gesetzes ausgeschüttet wurden. Exklusive der Sonderzahlungen, die 2020 im Zuge der Corona-Pandemie an Österreichs Zeitungen gingen.

Freilich: Für Inseratenschaltungen, die nahezu ohne jegliches gesetzliches Korrektiv und freihändig von Politikern vergeben werden können, werden ungleich höhere Summen ausgegeben. Allein 2020 machte das im Einflussbereich der Ministerien 47,5 Millionen Euro aus.[23] Die reguläre, aus drei Bausteinen bestehende Presseförderung hingegen 8,9 Millionen Euro.

Ähnliche Förderungen für den Rundfunk fallen zwar höher aus, allerdings lukrieren Radio- und TV-Stationen in Österreich deutlich weniger Erlöse aus Werbeschaltungen der Regierung als Zeitungen. So stehen für die Sender jährlich 20 Millionen Euro aus dem sogenannten Rundfunkfonds zur Verfügung, die ebenfalls von KommAustria/RTR ausgeschüttet werden. Etwa drei Viertel davon gehen ans Fernsehen.

Ebenfalls höher dotiert als die Presseförderung ist der Fernsehfonds. Auch über ihn wacht die Förderstelle KommAustria/RTR. Das jährliche Fördervolumen beträgt 13,5 Millionen Euro. Zielgruppe sind von den Sendern unabhängige Produktionsfirmen, die sich einzelne Projekte mit bis zu 20 Prozent der Herstellungskosten vom Staat unterstützen lassen können.

Deutlich kleinere Förderlinien der KommAustria sind der Fonds zur Förderung des nicht kommerziellen Rundfunks (3 Millionen Euro jährlich), der Digitalisierungsfonds (500.000 Euro) und die Publizistikförderung (340.000 Euro), die sich gedruckten Titeln widmet, die nicht in die Presseförderung fallen.

Die mit Abstand meisten Mittel öffentlich eingehobener Gelder gehen übrigens an den ORF. Etwa 1 Milliarde Euro setzt das mit Abstand größte Medienunternehmen des Landes jährlich um. Ungefähr zwei Drittel davon macht das von allen Publikumshaushalten einge-hobene Programmentgelt aus. Dieses ist gesetzlich vorgeschrieben und belief sich 2020 laut Budget auf 647 Millionen Euro. Die übrigen Umsätze macht der ORF mit Werbung (210 Millionen Euro) und sonstigen Dienstleistungen.

Zurück zur Presseförderung. Ausschüttungen unter diesem Titel werden in Österreich, wie Bundeskanzler Sebastian Kurz sagt, „um-fassend" und „transparent" dargestellt. Zumindest Jahr für Jahr. Wel-che Zeitung wie viel bekommen kann, haben Regierung und National-rat im Presseförderungsgesetz zuletzt 2004 aufgeschrieben und seither nur geringfügig angepasst. Dass dieses Gesetz jedoch genau so ausgestaltet ist, dass es die Marktaktivitäten bestimmter Titel und Verlage stützt oder ihnen zumindest entgegenkommt, ist für das Publi-kum, das mit seinen Steuerabgaben eben diese Subventionen erst er-möglicht, mit den Veröffentlichungen der Behörde nicht zu erkennen. Genau diesen Bereich wollen wir im Folgenden mit den Ergebnissen unserer Recherchen ausleuchten.

Säule 1:
Besondere Förderung für ausgewählte Titel

Unter der Bezeichnung „Presseförderung zur Erhaltung der regiona-len Vielfalt" gibt es für einzelne Titel die größten Fördersummen. Die „besondere" Presseförderung ist per Definition auch nur besonderen Zeitungen vorbehalten: Tageszeitungen. Wöchentlich oder monatlich erscheinende Blätter sind von ihr grundsätzlich ausgeschlossen. Und tatsächlich, das erzählen Brancheninsider mit Zugang zu den finanzi-ellen Unterlagen mehrerer Titel, wirkt sie: Sie ist hoch genug, dass sie zumindest einige ihrer Empfänger vor dem wirtschaftlichen Schei-tern gerettet hat, jedenfalls in ihrer bestehenden Form.

Nach den Pleiten von „Wirtschaftsblatt", „Kärntner Tageszeitung" und „Salzburger Volkszeitung" im Laufe des vergangenen Jahrzehnts erhalten inzwischen nur noch vier Blätter Zuschüsse aus diesem Topf. Am meisten davon geht mit jährlich jeweils knapp unter 1 Million Euro an die großformatigen Hauptstadttitel „Der Standard" und „Die Presse". Ebenfalls etwa gleich viel bekommen die zwei anderen

Begünstigten: die „Neue Vorarlberger Tageszeitung" und das „Oberösterreichische Volksblatt". Und zwar aktuell jeweils circa 650.000 Euro pro Jahr.

Titel	Zeitraum	Summe	Eigentümer	Status
Die Presse	2004–2020	17.361.407	Styria Media Group	aktiv
Der Standard	2004–2020	16.511.485	Familie Bronner	aktiv
Oberösterreichisches Volksblatt	2004–2020	13.156.146	Oberösterreichische VP	aktiv
Neue Vorarlberger Tageszeitung	2004–2020	12.015.796	Russmedia	aktiv
Kärntner Tageszeitung	2004–2013	9.901.938	Dietmar Wassermann, vorher SPÖ	eingestellt
Wirtschaftsblatt	2004–2016	7.710.726	Styria Media Group	eingestellt
Salzburger Volkszeitung	2004–2013	7.318.113	Aistleitner Gruppe, vorher ÖVP Salzburg	eingestellt
Neue Zeitung für Tirol	2005–2007	2.244.309	Moser Holding	eingestellt

„Besondere" Presseförderung seit 2004, Summe in Euro (Quelle: KommAustria)

Dabei ist das „Oberösterreichische Volksblatt" die letzte Tageszeitung ihrer Art. Der Titel, im 19. Jahrhundert als „Linzer Volksblatt" des Katholischen Preßvereins gegründet, gehört nämlich der oberösterreichischen ÖVP. Die Redaktion befindet sich im Zweckbau eines ockerfarbenen Gewerbezentrums in unmittelbarer Nähe zum Unfallklinikum Linz. Seit der letzten großen Anpassung des Presseförderungsgesetzes im Jahr 2004 hat die Zeitung 17,1 Millionen Euro an Förderungen erhalten. Niemand jedoch weiß, wie viele Leser das Blatt hat, denn es nimmt nicht an der Media-Analyse (MA) teil. Die Media-Analyse ist eine groß angelegte und regelmäßig durchgeführte Umfrage, die die Reichweiten der einzelnen Titel in ganz Österreich ermittelt. An diesen Reichweiten orientiert sich für gewöhnlich die Werbewirtschaft, plant, schaltet und bezahlt entsprechend Geld für Inserate.

Die Höhe der Ausschüttung der Presseförderung orientiert sich an einer anderen Kennzahl: der Auflage. Doch auch an der dafür bundesweit anerkannten und von allen anderen Zeitungen genutzten Österreichischen Auflagenkontrolle (ÖAK) nimmt das „Oberösterreichische Volksblatt" nicht teil. Warum nicht?

Die Entscheidung, anerkannte Werkzeuge zur Erhebung von Marktdaten nicht zu nutzen, kann mehrere Gründe haben. Kritiker, vor allem Konkurrenten am Markt, werfen dem „Oberösterreichischen Volksblatt" hinter vorgehaltener Hand vor, absichtlich intransparent zu sein. Mangels Erfolg am Lesermarkt. Ein Vorwurf, den der Geschäftsführer der Zeitung im Linzer Paul Hahn-Center – so heißt das Gewerbezentrum, in dem der Verlag angesiedelt ist – zurückweist.

Wolfgang Eder ist mit 39 Jahren einer der jüngsten Zeitungsmanager des Landes. Bevor er im April 2017 die Verlagsleitung übernommen hatte, war der gelernte Betriebswirt in der starken und einflussreichen Raiffeisen Landesbank Oberösterreich, der Wirtschaftskammer Oberösterreich und in der oberösterreichischen ÖVP als Büroleiter tätig. Heute sagt er, dass die Entscheidung, nicht an MA und ÖAK teilzunehmen, lange vor seiner Zeit getroffen worden sei. Aus Kostengründen.

Tatsächlich kosten Erhebung und Ausweisung der entsprechenden Daten Geld. Für Tageszeitungen kostet die MA etwa 50.000 Euro pro Jahr. Die ÖAK ist deutlich billiger, vor allem für eine Zeitung von der Größe des „Oberösterreichischen Volksblattes".

Die ÖAK macht ihre Preise öffentlich einsehbar. Die Jahresmitgliedschaft kostet 680 Euro. Die jährliche Detailprüfung würde das „Volksblatt" 2.893 Euro kosten. Zuzüglich 330 Euro für die Ausweisung adressierter Großabos. Zuzüglich 30 Prozent Zuschlag bei der erstmaligen Prüfung.[24]

Doch wie ist es überhaupt möglich, dass das „Oberösterreichische Volksblatt" ohne ÖAK Presseförderung – noch dazu die lukrative „besondere" – bekommt? Immerhin sind valide Auflagedaten eine von mehreren Voraussetzungen. So steht es im Gesetz.

„Einmal im Jahr", berichtet Eder, „bestellen wir selbst einen Wirtschaftsprüfer, der unsere Auflage kontrolliert und anschließend auch meldet." Je nach Wochentag betrage diese zwischen 18.000 und 20.000 Exemplare. Die KommAustria akzeptiert dieses Vorgehen.

„Und ja, Marktanteile und Leserzahlen wie in der MA können wir nicht nennen", so Eder.

Um überhaupt für die „besondere" Presseförderung infrage zu kommen, darf ein Titel im Jahresschnitt nicht mehr als 100.000 Exemplare verkaufen. Ein Wert, den das „Oberösterreichische Volksblatt", aber auch die „Neue Vorarlberger Tageszeitung" (2019: 6.740), „Der Standard" (56.041) und „Die Presse" (68.208) bei weitem nicht erreichen.

Titel, die infrage kommen, erhalten zunächst einen jährlichen Sockelbetrag in Höhe von 500.000 Euro, zuzüglich einer Art Bonus, der sich aus der verkauften Auflage am Kernmarkt errechnet.

Dass vor allem Mitbewerber das „Oberösterreichische Volksblatt" bei jeder Gelegenheit als „Parteizeitung" bezeichnen, ärgert Geschäftsführung und Redaktion in der Linzer Derfflingerstraße 14 jedes Mal aufs Neue. Und das trotz der eindeutigen Eigentumsverhältnisse. Herausgeber der Zeitung ist nämlich die Oberösterreichische Media Data Vertriebs- und Verlags GmbH. Treuhändisch auftretender Eigentümer ist der bekannte Linzer Rechtsanwalt Franz Mittendorfer. In den konkurrierenden „Oberösterreichischen Nachrichten" wurde er einmal als „mächtigster Rechtsanwalt Oberösterreichs" bezeichnet.[25] Laut dem Bericht machte ihn die ÖVP Oberösterreich einst zum Aufsichtsratschef der landeseigenen Spitalsholdig GESPAG. Die gleiche ÖVP, für die Mittendorfer treuhändisch die Eigentumsrechte am „Oberösterreichischen Volksblatt" wahrnimmt. Also doch eine lupenreine Parteizeitung? „Aus der Sicht des Eigentums, ja. In den Dienstverträgen unserer Redakteure ist jedoch schriftlich festgehalten, dass sie von der Partei keine Anordnungen bekommen können", sagt Geschäftsführer Eder. Er glaubt, dass Mitbewerber den Begriff „Parteizeitung" deshalb einsetzen, um das „Oberösterreichische Volksblatt" im direkten Wettbewerb „niederzudrücken". Eine Praxis, die er für stillos hält. „Wir bezeichnen Konkurrenten jedenfalls nicht als Immobilien-, Kirchen- oder Banken-Zeitungen."

Zumindest im Wortsinn ist Eders Argument nicht ganz unschlüssig. Immerhin beeinflussen entsprechende Unternehmen und Glaubensgemeinschaften gleich mehrere Zeitungen in Österreich. Der Immobilieninvestor René Benko hält über sein Firmengeflecht 24,5 Prozent an der „Krone" und 24,22 Prozent am „Kurier", der wiederum mehrheitlich einer Bank, nämlich Raiffeisen, gehört.

Mit der Zuordnung von Tageszeitungen zu Kirchen ist es weit weniger eindeutig. Firmenrechtlich und ganz streng genommen wäre es sogar falsch. Und dennoch: Ein kleiner Kreis von Katholiken aus der Diözese Graz-Seckau und die Styria Media Group, die neben der „Kleinen Zeitung" mit der „Presse" den größten Empfänger „besonderer" Presseförderung herausgibt, haben eine gemeinsame Geschichte. Keimzelle des Medienkonglomerats ist der Katholische Preßverein in der Diözese Graz-Seckau. Die treibende Kraft hinter der Vereinsgründung 1869 war der Priester und Dompropst von Graz Alois Karlon. Mit Umwandlung der Styria zur Aktiengesellschaft gingen 98,33 Prozent der Anteile an die Katholischer Medien Verein Privatstiftung, 1,67 Prozent verblieben beim alten Preßverein, der seitdem Katholischer Medien Verein heißt. Die Amtskirche, die Diözese, hält an der Styria also keine Anteile. In der Geschichte des Unternehmens gab und gibt es jedoch zahlreiche persönliche und personelle Verflechtungen und wechselseitigen Einfluss. So erzählen junge wie ältere journalistische Führungskräfte von persönlichen Unterredungen mit dem jeweils amtierenden Bischof. Als das Unternehmen im September 2019 in der festlich geschmückten Aula der Alten Universität Graz mit viel Prominenz sein 150-jähriges Bestehen feierte, griff auch Diözesanbischof Wilhelm Krautwaschl zum Mikrofon. Er sagte, dass die Styria ein Unternehmen mit „klarer katholischer Verbindung" sei und es in Zeiten starker Veränderung durch Digitalisierung auch Aufgabe ihrer Medien sei, „Orientierung zu schaffen". Und das tun sie auch.

Der Konzern ist nämlich vor allem im Süden Österreichs eine Macht. In Kärnten und der Steiermark dominiert das publizistische und finanzielle Rückgrat der Styria, die „Kleine Zeitung", Markt und Meinungsbildung. Fast jede zweite vom Publikum gelesene Zeitung dort kommt aus den Redaktionen in Klagenfurt und Graz. Alle anderen Blätter zusammen müssen sich den Rest teilen. Auf der starken Position der „Kleinen", wie das Blatt von Kärntnern und Steirern oft bezeichnet wird, baut die Stärke des Gesamtverlages auf. Im letzten veröffentlichten Jahresabschluss sind Konzerneinnahmen in der

Höhe von 306,9 Millionen Euro dokumentiert (199 Millionen davon mit gedruckten Produkten). Damit sind die Steirer nach dem ORF (1 Milliarde Euro) und der Mediaprint (419 Millionen Euro, „Krone" und „Kurier") die Nummer 3 auf dem österreichischen Medienmarkt. Eine Position, die man auch nach außen hin zeigt und in Graz, dem wirtschaftlichen und medialen Zentrum Südösterreichs, schon von weitem sieht.

Am südlichen Rand der Altstadt hat die Styria seit 2015 ein modernes Hauptquartier. Dominieren im Zentrum die Altbauten mit ihren typischen roten Ziegeldächern, so steht im Kontrast dazu direkt im Anschluss das dunkle und dominante Styria Media Center. Viel Glas, viel Beton, noch viel mehr Technik. Auf 14 Stockwerken verteilen sich Redaktionen, Newsrooms, Studios und einiges mehr. Auf den Dächern züchten Mitarbeiter Bienen. Bereits bei der Gleichenfeier sprach der Vorstandsvorsitzende des Unternehmens, Markus Mair, den Symbolcharakter des Gebäudes an, bezeichnete es als „Tor zur Grazer Innenstadt" und hob Standort und Größe positiv hervor. Es sei an einem strategisch guten Platz gebaut, von dem aus man die Kernmärkte, zu denen auch Slowenien und Kroatien zählen (dort ist die Styria ebenfalls aktiv), nicht nur schnell erreichen, sondern sie dank der Höhe sogar sehen könne.[26]

Dieser drittgrößte, selbstbewusste und mit katholischer DNA ausgestattete Teilnehmer am österreichischen Medienmarkt ist es also, der seit Inkrafttreten des aktuell gültigen Presseförderungsgesetzes mit Abstand am meisten Unterstützung vom Staat bekommen hat. Oder präziser: Titel, die in seinem Eigentum stehen. 38 Millionen Euro seit 2004. Wie ist das möglich?

Auch das hat mit der Besonderheit der „besonderen" Presseförderung zu tun. Sie stützt – siehe „Oberösterreichisches Volksblatt" – wirtschaftlich schwächere Einzeltitel und nimmt keine Rücksicht darauf, ob hinter dem Produkt ein wirtschaftlich potenter Eigentümer steht. Hauptbringer staatlicher Mittel für die Styria ist „Die Presse". Unter dem Regime der aktuellen Rechtslage überwies die Komm-Austria allein für sie bisher 17,4 Millionen Euro an Subventionen. Gemeinsam mit den Zahlungen aus zusätzlichen Förderungen für Vertrieb und Qualitätssicherung ist das Blatt mit 21,6 Millionen Euro die aktuell höchstgestützte Tageszeitung des Landes. Oder anders ausgedrückt: Die Summe entspricht etwas weniger als einem halben Jahresumsatz des Traditionsblattes.

Aus Sicht der Styria Fluch und Segen zugleich war, dass die Grazer Medienmacher mit dem „Wirtschaftsblatt" bis 2016 über einen zweiten Titel verfügten, den die Urheber des Gesetzes für förderwürdig hielten. 7,7 Millionen Euro überwies die Republik bis zu seiner Einstellung aus der „besonderen" Presseförderung (insgesamt ab 2004: 9,7 Millionen Euro) an diese Zeitung.

Brauchen auch große, umsatzstarke Verlage und Medienhäuser Förderung? Wir sprachen darüber mit Markus Mair. Der 56-jährige Grazer leitet seit 2013 die Styria, ist seit 2018 Präsident des Verbandes Österreichischer Zeitungen (VÖZ) und wurde 2020 brancheninterm zum „Medienmanager des Jahres" gewählt. Von seinem Büro im Styria Media Center aus überblickt er unter anderem auch jene Titel des Konzerns, die förderberechtigt sind, und sieht dabei zu allen anderen Empfängern am Markt einen bedeutsamen Unterschied. „Wir haben gemeinnützige Eigentümer, die Presseförderung bleibt in unseren Unternehmungen", sagt Mair. „In anderen Häusern, die ebenso gefördert werden, gibt es jedoch Gewinnausschüttungen."

Der Medienmarkt, vor allem der Markt für Zeitungen, sei nicht mehr der, der er einmal war. Niemand gründe heute mehr ein Qualitätsmedium, um eine bestimmte Rendite zu erreichen. Inzwischen gehe es „um Ethik, Arbeitsplätze und die Mitverantwortung der Politik für eine möglichst vielfältige Medienlandschaft in Österreich".

Für Mair leitet sich daraus auf gewisse Weise eine Art Auftrag für die öffentliche Hand ab. Diese nämlich gebe Jahr für Jahr allein für Kunst und Kultur eine halbe Milliarde Euro aus. „Es gibt viele Dinge, die der Staat fördert. Und er tut es, weil das sonst kein Privater finanzieren würde. Für die Größe der Branche reden wir immer noch von einem vergleichsweise geringen jährlichen Betrag."

Bleiben in der „besonderen" Presseförderung noch zwei Titel übrig: die „Neue Vorarlberger Tageszeitung" und „Der Standard". Letztgenannter ist mit Subventionen in Höhe von 21,4 Millionen Euro seit 2004 nach der „Presse" die mit dem zweithöchsten Betrag geförderte Zeitung im Land.

Gegründet hat das Blatt 1988 der Verleger Oscar Bronner mit Unterstützung der deutschen Axel-Springer-Gruppe. Ein Partner, der wenige Jahre später wieder ausstieg. Auf Bronner geht auch die Gründung der Magazine „Trend" und „Profil" zurück. Heute erzielt der Verlag, zu dem auch der knapp nach der „Krone" reichweiten-stärkste Web-Nachrichtendienst aller Tageszeitungen, „derstandard. at", gehört, jährliche Erlöse in Höhe von 56,1 Millionen Euro. Der Verlagssitz ist in einem vollständig verglasten Gebäude am Bahnhof Wien-Mitte untergebracht. Das gesamte Unternehmen befindet sich über eine zwischengeschaltete Stiftung in Familienbesitz. Die Geschäfte führt Bronners Sohn Alexander Mitteräcker.

Blickt man mit dem Vorteil des zeitlichen Abstands aus dem Jahr 2021 in die Vergangenheit und auf die Entwicklung der Presseförderung, zeigt sich an den Beispielen der „besonderen" Förderung von „Standard", „Die Presse" und „Wirtschaftsblatt" ein interessanter Zusammenhang oder zumindest ein bemerkenswerter Zufall. Als alle drei zu Beginn der 2000er-Jahre plötzlich mehr Werbeflächen verkauften, wurden wichtige Passagen im Gesetz geändert. Bis ins Jahr 2003 durften Blätter, die unter dem Titel „besondere" Presseförderung hohe Zuwendungen erhielten, im Fünfjahresschnitt nicht mehr als 22 Prozent des Blattumfangs mit Anzeigen füllen. Die Überlegung dahinter, die seit der Vorgängerregelung aus dem Jahr 1985 bestand: Am Markt erfolgreiche Titel brauchen keine Subventionen. „Der Standard" lebte im Jahr 2003 angesichts des Verkaufserfolgs bei Inseraten bereits ohne „besondere" Förderung. Und die Styria-Blätter „Die Presse" und „Wirtschaftsblatt" befanden sich mitten in einer Phase, in der die gesetzlich vorgesehene Einschleifregelung zu greifen begann. Wenn ein Titel die 22-Prozent-Grenze einmalig überschritt, wurde die Förderung zunächst um ein Drittel gekürzt. Beim zweiten Mal um zwei Drittel. Erst beim dritten Mal fiel sie ganz weg.

Doch so weit kam es nicht. Der Gesetzgeber änderte die entscheidende Passage. Seit damals dürfen grundsätzlich für die „besondere" Presseförderung infrage kommende Zeitungen nicht nur ein knappes Fünftel, sondern die Hälfte ihres Umfangs an Werbekunden verkaufen. Der Bundeskanzler damals hieß Wolfgang Schüssel. Beschlossen wurde das Gesetz vom Nationalrat mit den Stimmen von ÖVP und BZÖ. Sie holten die Zeitungen wieder zurück in die Fürsorge des Staates.

Befürworter der Presseförderung, vor allem der „besonderen", sagen, dass diese im Laufe der Jahre einigen Titeln das Überleben gesichert hat. Bei der Recherche für dieses Buch trafen wir uns zum Jahreswechsel 2020/21 in einem repräsentativen Bürogebäude mit einem Insider der Branche. Die Person hat berufsbedingt Einblick in die finanziellen Unterlagen mehrerer Medien, war 2003 Ohrenzeuge der Gespräche zwischen Verlegern und der Regierung Schüssel, muss zum Schutz ihrer Identität jedoch unerkannt bleiben und sagt heute: „Wenn die ‚besondere' Presseförderung wegfällt, sperren zumindest das ‚Oberösterreichische Volksblatt' und die ‚Neue Vorarlberger Tageszeitung' sofort zu." Und jene Zeitungen, die von der Reform 2004 besonders profitierten? „Ich würde es so formulieren: ‚Der Standard' beginnt zu husten, und auch für ‚Die Presse' wird es eng." Die Förderung, sagt die Person, sei sinnvoll. Und sie wirke.

Je nach Standpunkt fallen die Urteile dazu jedoch unterschiedlich aus. Je weiter man sich von den österreichischen Zentren regionaler Medienkonzentration entfernt, desto eher weichen sie von den immer gleichen Rufen in Österreich (mehr Mittel für „Qualität", weniger bis keine Förderung für Boulevardzeitungen) ab.

Eine diese Stimmen mit Außensicht ist jene von Christina Holtz-Bacha. Die Kommunikationswissenschaftlerin beschäftigt sich seit vielen Jahren mit Presseförderung und Medienpolitik, auch mit der österreichischen.

Bis 2019 hatte Holtz-Bacha an der Friedrich-Alexander-Universität Erlangen-Nürnberg einen Lehrstuhl inne. Inzwischen ist sie emeritiert und lebt in Berlin. Noch bevor die Regierung Schüssel im Jahr 2004 „Der Standard", „Die Presse" und „Wirtschaftsblatt" zurück an den Fördertopf holte, kritisierte sie in ihren Schriften, dass das österreichische System den Verlegern „keine Anreize für marktgerechtes und ökonomisches Verhalten" biete, den Zutritt zum Markt für Neueinsteiger nicht gerade erleichtere und letztlich über keine Effektivitätskontrolle verfüge.[27]

Heute fällt Holtz-Bachas Bewertung in Nuancen leicht verändert, grundsätzlich aber sehr ähnlich aus. „Die Wirkung von Presseförderung ist objektiv kaum zu messen", sagt sie. Die Förderung könne insbesondere in der Debatte um die Glaubwürdigkeit der Medien eine weitere Flanke für die Verlage öffnen, denn direkte Zuwendungen vom Staat an Medien gelten in entwickelten Demokratien häufig als anrüchig. In der Schweiz ist das so, und bis zuletzt auch in Holtz-Bachas Heimat Deutschland. Im Zuge der Coronavirus-Pandemie beschloss zwar der Bundestag die grundsätzliche Freigabe eines 220 Millionen Euro schweren Hilfspakets für die Verlage, doch unmittelbar danach begann aufseiten dieser eine hitzige Debatte darüber, ob man dieses Geld überhaupt annehmen dürfe, und zwar im Sinne einer gesunden und journalistisch notwendigen Distanz zum Staat. Die Interessenvertretung Bundesverband Digitalpublisher und Zeitungsverleger (BDZV), oder präziser, ihr Präsident, Springer-Vorstand Mathias Döpfner, sah in der Förderung redaktioneller Leistungen nämlich eine rote Linie überschritten. „Das darf nicht passieren." Förderungen für Logistik oder Technologie hielt Döpfner jedoch für akzeptabel und „denkbar".[28]

Wobei auch Döpfners vorgebrachte Sorge um die Unabhängigkeit der Redaktionen eine zweite Seite hat: Neben „Bild", „Welt" und „B.Z." hat der von ihm geleitete Axel-Springer-Konzern inzwischen alle großen Blätter verkauft, befindet sich im Umbau in einen überwiegend digital orientierten Konzern. Die Sorgen ursprünglicher Verlagshäuser hat Springer längst nicht mehr.

Dennoch, anders als hierzulande nimmt man in Deutschland die Sorge um staatlichen Einfluss durch Förderung ernst. Sehr sogar. „Das", urteilt Kommunikationswissenschaftlerin Holtz-Bacha, „gilt nämlich als problematisch." Geld schaffe Abhängigkeiten. Ob – und wenn ja, wie – diese wirken, sei jedoch wie die Effektivität solcher Förderungen kaum sachlich überprüfbar. „Denn wir wissen ja: Politiker sind nicht gerade scheu, wenn es darum geht, ihre Interessen gegenüber Medien zu vertreten." Die Sorge vor Abhängigkeiten hält die 67-Jährige deshalb durchaus für berechtigt. Grundsätzlich schlecht seien Mediensubventionen jedoch auch nicht. „Nur dürfen sie keinesfalls auf Dauer sein."

Die Debatte um die Zulässigkeit der staatlichen Corona-Hilfe für die Verlage löste sich im April 2021 auf andere Art und Weise. Weil die Ausschüttung der 220 Millionen Euro ausschließlich an etablierte Zeitungsverlage erfolgen sollte, kündigte das ausschließlich im Web erscheinende Portal „Krautreporter" eine Verfassungsklage wegen

Ungleichbehandlung an. Das reichte. Nach Prüfung durch Regierungsstellen räumte man dieser offenbar derart große Chancen ein, dass das Berliner Wirtschaftsministerium die Verleger darüber informierte, dass das Vorhaben gescheitert sei.

In Österreich wird die hoch dotierte „besondere" Presseförderung seit 1985 ausbezahlt. Die allgemeine Presseförderung für alle Zeitungen besteht seit 1975.

Säule 2: Vor der Vertriebsförderung sind alle gleich

Die großen Summen für einige wenige, ausgesuchte Titel werden von der Republik Österreich also in der „besonderen" Presseförderung vergeben. Fast genauso viel wird Jahr für Jahr als gewissermaßen „allgemeine" Förderung der Presse an berechtigte Medien und Verlage ausgeschüttet. Diese zweite Säule heißt im Gesetz „Vertriebsförderung". Seit dem Inkrafttreten der aktuell gültigen Bestimmungen für Anspruchsberechtigte im Jahr 2004 schüttete das Finanzministerium über die Zwischenstationen Bundeskanzleramt und KommAustria 71 Millionen Euro unter dieser Bezeichnung aus. Allerdings: Die Zahl der Bezieher ist durch die sehr weit gefassten Regeln ungleich höher. Bis auf die „Wiener Zeitung", sie gehört der Republik selbst, fallen alle Tageszeitungen darunter. Zusätzlich erhielten im untersuchten Zeitraum aber auch 30 Wochenzeitungen und Magazine Zahlungen aus der Vertriebsförderung: Angefangen von landesweit erscheinenden Titeln wie „Profil", „News" und „Falter" bis hin zu „Ennstaler", „Osttiroler Boten" und „Unterkärntner Nachrichten".
Diese Form der Geldausschüttung nennt sich Gießkannenprinzip: Letztendlich hat jeder etwas davon, sofern die Kriterien nur weit genug gefasst sind. Und das sind sie. Der Löwenanteil des Geldes geht an die Großen, allen anderen bleibt der Rest.

Zu den „Großen" gehören häufig jedoch auch die, die in Österreich regelmäßig beklagen, dass die staatlichen Gelder an die „Falschen" gehen. Vertreter einer solchen Runde fanden sich im Sommer 2020 einmal mehr im Wiener Presseclub Concordia zusammen.[29] Anwesend waren gleich mehrere journalistische Spitzenkräfte des Landes:

Martina Salomon (Chefredakteurin „Kurier"), Hubert Patterer (Chefredakteur „Kleine Zeitung"), Andreas Koller (stv. Chefredakteur „Salzburger Nachrichten") und Stefan Kaltenbrunner (Chefredakteur des TV-Senders Puls 24). Eigentlich waren sie deshalb zusammengekommen, um über Interventionen der Politik bei Medienmachern zu diskutieren. Anlass war das Verhalten von Bundeskanzler Sebastian Kurz. Der Regierungschef war zuvor von Journalisten dafür kritisiert worden, dass er sich im Rahmen eines Besuches im Vorarlberger Kleinwalsertal nicht an die von ihm selbst beschlossenen Kontaktbeschränkungen zur Eindämmung der Verbreitung des Coronavirus gehalten hatte. Kurz soll sich darüber im Anschluss bei den betroffenen Medien beschwert haben.

Tatsächlich debattierten die Teilnehmer der Runde im Laufe der etwa einstündigen Diskussion jedoch nicht nur das. Auch die Art und Weise, wie in Österreich Presseförderung vergeben werde, sei falsch. Nämlich: Nicht anwesende Medien, insbesondere der Boulevard, bekämen zu viel davon, anwesende zu wenig. „Die Tatsache, dass bestimmte Zeitungen bei Presseförderung und Inseratenvergabe bevorzugt werden, ist in Wahrheit auch eine Intervention", klagte Koller. Und bekam Rückendeckung von Martina Salomon. „Natürlich hat die Presseförderung eine Schräglage. Man sollte Qualität fördern – und nicht den Boulevard. Das prangern wir regelmäßig an." Hubert Patterer: „Man kann nur hoffen, dass die Presseförderung nach der Corona-Krise auf ein ordentliches Fundament gestellt wird."

Widerspruch aus der Runde kam nicht. Aber aus dem Publikum, in dem sich der Schweizer Journalistik-Professor Vinzenz Wyss befand. Polemisch stellte er fest: „Eure Presseförderung in Österreich ist ja schon etwas schräg." Was zumindest „Kurier"-Chefin Martina Salomon zu einer selbstkritischen Äußerung über das Verhältnis zwischen Medien und Politik bewegte. „Ich bin nicht optimistisch, dass sich die Presseförderung zum Guten entwickeln wird. Das ist ein Missstand, in dem man es sich gemütlich eingerichtet hat."

Denn tatsächlich ist es so, dass, wie schon bei der „besonderen" Presseförderung, letztlich die Marktführer die Gelder abschöpfen. Für das Publikum ist das Bild jedoch nicht zu erkennen. Die laut Bundeskanzler Sebastian Kurz und KommAustria „transparenten" Förderdaten verstellen aufgrund ihr bruchstückhaften Art und Weise der Veröffentlichung dem Steuerzahler die Sicht auf das Gesamtbild: Gefördert werden nämlich Großunternehmen und Marktführer. Und damit ist nicht nur die „Kronen Zeitung" gemeint.

TZ: Vertriebs-förderung	Zeitraum	Summe	Eigentümer	Status
Tiroler Tageszeitung	2004-2020	3.655.031	Moser Holding	aktiv
Kleine Zeitung	2004-2020	3.655.031	Styria Media Group	aktiv
Der Standard	2004-2020	3.655.031	Familie Bronner	aktiv
Vorarlberger Nachrichten	2004-2020	3.655.031	Russmedia	aktiv
Oberösterreichisches Volksblatt	2004-2020	3.655.031	Oberösterreichische VP	aktiv
Salzburger Nachrichten	2004-2020	3.655.031	Familie Dasch	aktiv
Oberösterreichische Nachrichten	2004-2020	3.655.031	Wimmer Holding/ Familie Cuturi	aktiv
Kronen Zeitung	2004-2020	3.655.031	Familie Dichand/René Benko/Funke Gruppe	aktiv
Neue Vorarlberger Tageszeitung	2004-2020	2.924.024	Russ Media	aktiv
Kurier	2004-2020	2.924.024	Raiffeisen/René Benko/ Funke Gruppe	aktiv
Die Presse	2004-2020	2.924.024	Styria Media Group	aktiv
Salzburger Volkszeitung	2004-2013	1.787.582	Aistleitner Gruppe, vorher ÖVP Sbg.	eingestellt
Kärntner Tageszeitung	2004-2013	1.787.582	Dietmar Wassermann, vorher SPÖ	eingestellt
Wirtschaftsblatt	2004-2015	1.494.695	Styria Media Group	eingestellt

Vertriebsförderung für Tageszeitungen seit 2004, Summe in Euro
(Quelle: KommAustria)

Auch der „Kurier" wird – wie die „Krone" – vom im gemeinsamen Besitz befindlichen Vertriebsriesen Mediaprint verlegt. Hinter den Fördernehmern stehen damit folgende finanzstarke Eigentümer: Die Familie Dichand (laut „Trend"[30] mit 900 Millionen Euro Vermögen die Nr. 46 auf der Liste der „100 reichsten Österreicher"), René Benko (4,3 Milliarden Euro; Nr. 8), der deutsche Verlagsriese Funke Medien Gruppe (Umsatz: 1,2 Milliarden Euro) und das österreichische Raiffeisen-Konglomerat. Unternehmer und Unternehmen, die eigentlich nicht auf staatliche Subventionen angewiesen sind.

Die österreichische politische Tradition, es möglichst allen und damit genauso den starken Interessenverbänden recht machen zu wollen, schlägt auch auf dem Sektor der Verlage durch. Die Vertriebsförderung bekommen bis auf wenige Ausnahmen – neben der staatlichen „Wiener Zeitung" sind das die kostenlos verteilten Blätter – nämlich alle.

Es sind jedoch fast ausschließlich Zeitungen oder Eigentümer, die in zumindest einem Bundesland über eine dominante Stellung am Markt verfügen, die die Vertriebsförderung erhalten. Bis auf den „Standard". Und natürlich die „Krone", die bundesweit den Markt dominiert. Die Rede ist von den sogenannten Bundesländerzeitungen. Gemeint sind damit Medien traditionsreicher Unternehmen und Familien, die es in ihrem Einzugsgebiet zu beachtlicher Stärke gebracht haben. Dennoch wird über die zu gering dotierte Presseförderung geklagt. Das größte dieser Unternehmen ist die Styria. Ihre „Kleine Zeitung" prägt nicht nur den Konzern, sondern auch den Zeitungsmarkt in Kärnten und der Steiermark. Fast jede zweite gelesene Zeitung im Süden Österreichs kommt aus ihrer Redaktion.

Ähnlich hohe Reichweiten erreicht die „Tiroler Tageszeitung" – kurz oft „TT" genannt – der Moser-Holding. Die Unternehmensgruppe befindet sich in einer komplizierten Form von Familienbesitz, den der 1993 verstorbene Gründungsherausgeber Joseph Stephan Moser seinen Nachkommen hinterlassen hat. Die „Tiroler Tageszeitung" erreicht in ihrem Stammbundesland annähernd jeden zweiten Tiroler über 14 Jahre. Dennoch ist sie für die Politik förderwürdig.

Die Moser-Holding erreicht übrigens zusammen mit der Styria noch erheblich mehr Leser, und das bundesweit: Gemeinsam betreiben die Unternehmen den Gratis-Wochenzeitungsverband Regionalmedien Austria (RMA). Woche für Woche kommen RMA-Titel („Bezirksblatt", „Rundschau", „Bezirkszeitung" und einige mehr) an ein Publikum von 3,5 Millionen Menschen.

Doch die Liste der Förderempfänger unter den regional markt-dominanten Verlagen ist noch länger. In Vorarlberg zum Beispiel kämpft die bundesweit dominierende „Krone" seit vielen Jahren er-folglos gegen das Verlagsimperium von Eugen A. Russ. Während die „Krone" im Bundesland bei gerade einmal 5 Prozent Reichweite hält, bringen es die Tageszeitungen des laut Freunden leidenschaftlichen Tesla-Fahrers Russ insgesamt auf etwa zehnmal so viel. Gemeinsam mit Radios, Internetplattformen und TV-Formaten erreicht Russ-media, so heißt das Unternehmen, nach eigenen Angaben neun von zehn Vorarlbergern. Es hat also einen Grund, warum man in der Branche landläufig von „Russ-Land" spricht und eigentlich Vor-arlberg meint.

Auch die übrigen dominierenden Verlegerfamilien Österreichs er-scheinen in Bezug auf ihre Stellung am jeweiligen Heimatmarkt nicht als bedürftig. In Salzburg ist das die Familie Dasch („Salzburger Nachrichten", „Salzburger Woche"), in Oberösterreich die Familie Cuturi („Oberösterreichische Nachrichten", „Tips").

Wobei Letztgenannte nach außen und zumindest außerhalb Oberösterreichs eher unter dem Namen der alles zusammenhalten-den Wimmer-Holding bekannt sein dürfte. Vor allem die „Nach-richten", wie viele Oberösterreicher sagen, haben in der Vergangen-heit schon einigen Mitbewerbern das Fürchten gelehrt. Und sich, wie „Standard"-Journalist und Medienexperte Harald Fidler schreibt, „in vielen Abwehrkämpfen behauptet".[31] Gegen „Krone", „Kurier" und „Österreich". Selbst ausländische Riesen wie Springer (Über-nahmeversuche in den 1980ern und 1990ern) und die „Passauer Neue Presse" (mit einer Sonntagszeitung) reihen sich in die lange Liste der Gescheiterten ein. Erfolg, der sich messen lässt: Mit 324.000 Lesern erreicht die Zeitung allein in Oberösterreich mehr Leser als „Die Presse" im gesamten Bundesgebiet. Neben der Gratis-Wochen-zeitung „Tips" bewirtschaften die Cuturis auch den Immobilien-markt im Land mit Erfolg. Das hat dazu geführt, dass Land und Leute den extravaganten Lebensstil von Herausgeber und Familien-oberhaupt Rudolf Andreas Cuturi als durchaus sympathischen

Spleen anerkennen. 2019 hat er, den sie in der Redaktion „Padrone" nennen, die Verlagsleitung an drei seiner Söhne abgegeben – und damit wieder mehr Zeit für jene Autos, die im Vorfeld so mancher vöz-Sitzung in Wien bei seinen Verleger-Kollegen für anerkennende Blicke sorgten, darunter ein Bentley, mehrere Jaguar-Oldtimer und ein Porsche 356: „Das schönste Auto, das je gebaut wurde", wie er einst den Kollegen von „Datum" erklärte.[32]

Komplettiert wird der Kreis der regional so starken Empfänger von Presseförderung mit der in Salzburg dominierenden Mediengruppe der „Salzburger Nachrichten" und den Erben von Gründungsherausgeber Max Dasch. Zum Familienunternehmen gehören neben der Tageszeitung, die sich auf dem Heimmarkt seit Jahren ein Kopf-an-Kopf-Rennen mit der „Krone" liefert und etwa jeden dritten Salzburger über 14 Jahre erreicht, auch die „Salzburger Woche". Trotz der äußerst starken Stellung auf dem Heimmarkt gehört die SN-Gruppe zu den Top 10 der Empfänger von Presseförderung und befindet sich zumindest im Vergleich zu den unmittelbaren Mitbewerbern in einer schwierigen Position. Die „Salzburger Nachrichten" positionieren sich selbst nämlich als überregionale Qualitätszeitung. Damit fischen sie im selben Segment wie „Standard" und „Presse". Diese beiden lukrieren jedoch seit vielen Jahren die gut dotierte „besondere" Presseförderung (siehe voriges Kapitel) und geben in den Bundesländern kaum Geld für angestelltes Personal aus. Die „Salzburger Nachrichten" hingegen leisten sich fernab des Hauptsitzes in Salzburg nicht nur eine recherche- und personalstarke Redaktion in Wien, sondern sind zusätzlich von der „besonderen" Presseförderung ausgeschlossen. Nach deren Förderkriterien sind sie nämlich regionaler Marktführer und somit nicht anspruchsberechtigt. Angesichts der Stärke auf dem Heimmarkt mehr als nur nachvollziehbar, im direkten Wettbewerb jedoch ein erheblicher, vom Staat geschaffener Nachteil.

Die allgemeine Förderung der Presse, die Vertriebsförderung, erhalten nicht nur Tageszeitungen, auch die Ausschüttung an Wochentitel sieht das Gesetz vor. Wobei die Republik sowohl insgesamt als auch individuell auf diesem Sektor deutlich weniger ausbezahlt als in der Gruppe der Tageszeitungen. Das hat damit zu tun, dass mehr als die Hälfte der für die Vertriebsförderung vorgesehenen Mittel (genau sind es 54 Prozent) per Gesetz an die Tagestitel gehen. Zudem teilen sich die verbliebenen 46 Prozent für Wochenzeitungen und Wochenmagazine auf erheblich mehr Titel auf. In welche Hände geht das Geld?

Mit Abstand größter Empfänger von Subventionen aus der Vertriebsförderung ist die katholische Kirche. Und dieses Mal, im Gegensatz zur nur mit der Kirche „verwandten" Styria, handelt es sich beim Fördernehmer tatsächlich um die Amtskirche beziehungsweise Unternehmen, die in deren Eigentum stehen. 12,5 Millionen Euro wurden seit 2004 für die Kirchenzeitungen der österreichischen Diözesen bewilligt. Möglich ist das nur, weil alle Blätter als eigenständige Publikationen mit eigenständigen Eigentümern auftreten.

Hinter der Kirche liegt auf Rang zwei eine christlich-soziale Partei. Oder präziser formuliert: eine Teilorganisation der ÖVP. Was außer den Abonnenten und Mitgliedern nämlich wenige wissen, ist, dass der Bauernbund auch reichweitenstarke Zeitungen verlegt. Die Produkte heißen „Bauernzeitung" und „Neues Land" und bringen es im Verbund auf eine Auflage von 143.000 Stück. Gefördert hat das die Republik seit 2004 mit 3,3 Millionen Euro.

Empfänger	Fördersumme	Produkte
Römisch-katholische Diözesen	12.503.842	Kirchenzeitungen
Bauernbund/ÖVP	3.315.300	Neues Land, Bauernzeitung
VGN Medien Holding	3.232.818	News, Trend, TV-Media
NÖ Pressehaus (Diözese St. Pölten)	2.432.855	Niederösterreichische Nachrichten
		Burgenländische Volkszeitung
Familie Dasch	1.586.055	Salzburger Woche
Falter Verlag	1.485.185	Falter
Styria Media Group	1.413.893	Die Furche

Vertriebsförderung für Tageszeitungen 2004–2020, Summe in Euro
(Quelle: KommAustria/RTR)

Hinter dem Verbund der Kirchenzeitungen und dem Bauernbund belegt die VGN Medien Holding mit 3,2 Millionen Euro Rang 3
in der Liste der Empfänger von Vertriebsförderung. Der Verlag ist die
mit Abstand größte Magazingruppe Österreichs und erreicht mit seinen Produkten („TV-Media", „News", „Trend", „Woman", „Gusto",
„Autorevue" etc.) ein Publikum von 1,8 Millionen Lesern. Drei Viertel des Unternehmens gehören Horst Pirker, der davor kurzzeitig nicht
nur das Red Bull Media House des Milliardärs Dietrich Mateschitz
geleitet, sondern in den frühen 2000er-Jahren als Vorstand vor allem
die Styria zu jener Größe geformt hat, die sie heute hat. Die übrigen
Anteile am Verlag hält die Familie Fellner (heute Mediengruppe
„Österreich"), auf die vor allem die Gründung der Titel „News",
„TV-Media" und „Woman" zurückgeht.

Im Anschluss daran folgt erneut die katholische Kirche. Die Diözese St. Pölten tritt neben ihrer Kirchenzeitung „Kirche bunt" nämlich noch mit anderen, weltlicheren Produkten am Markt, aber eben
auch in der Förderabteilung der KommAustria in Erscheinung: Das
Niederösterreichische Pressehaus gehört mehrheitlich ihr (20 Prozent
hält Raiffeisen). Die Produkte des Pressehauses sind vor allem in
Ostösterreich verbreitet: die „Niederösterreichischen Nachrichten"
(NÖN) und die „Burgenländische Volkszeitung" (BVZ). Über deren gemeinsamen Verlag bezog die Diözese – zusätzlich zu den 1,3 Millionen
Euro für die eigene Kirchenzeitung – seit 2004 weitere 2,4 Millionen
Euro aus diesem Fördertitel.

Nach den St. Pöltnern sinken die über die Jahre ausgeschütteten
Beträge deutlich ab. Zumindest im Ranking der Hauptbegünstigten.
Es folgen die vor allem aus dem Tageszeitungssegment bekannte
Familie Dasch („Salzburger Woche"), der Falter Verlag mit gleich-
namiger Wochenzeitung und einmal mehr: die Styria mit dem
Wochentitel „Die Furche".

Säule 3: Subventionen für Qualität und Zukunft

Die kleinste Säule der Presseförderung machen Ausschüttungen für
„Qualitätsförderung und Zukunftssicherung" aus. Aufgrund der Vielzahl unterschiedlicher Fördersparten befinden sich unter den Fördernehmern keineswegs nur Verlage. Die KommAustria zahlt Gelder für

Medienforschung im weitesten Sinn, Ausbildung und Presseclubs aus. Unter diesem Titel ist etwa der Wiener Presseclub Concordia mit jährlich 23.400 Euro der mit Abstand größte Subventionsempfänger.

Für die meisten Tageszeitungen sind Unterstützungen für die Beschäftigung von Auslandskorrespondenten die lukrativste Position. Am meisten förderwürdige Ausbildung von journalistischem Nachwuchs betreiben übrigens nicht die sogenannten Qualitätszeitungen, sondern bestimmte Bundesland-Blätter („Kleine Zeitung", „Volksblatt" und „Neue Vorarlberger") und die „Krone". Auch die Gratisverteilung an Schulen, die gleichzeitig der politischen Bildung und dem Eigenmarketing dient, ist förderwürdig (siehe Tabelle rechts).

Die Schulverteilung ist ein Instrument, das in der Gruppe der Wochenzeitungen vor allem die „Furche" der Styria reichlich nützt. Die 241.064 Euro, die die Zeitung seit 2004 dafür bekam, entsprechen ungefähr dem, was alle anderen Wochentitel zusammen erhalten. Auch die Kirchenzeitungen der Diözesen werden zum Teil kostenlos an Österreichs Schulen verteilt. Allerdings in sehr geringem Ausmaß. 13.216 Euro macht die Fördersumme dafür im Untersuchungszeitraum aus. Maximal ein Zehntel des regulären Verkaufspreises wird laut Gesetz dafür ausgeschüttet.

Neben Verlagen beziehen auch Wissenschaftler, Vereine und private Institute Geld aus dieser Säule der Presseförderung. Zum Beispiel Ausbildungseinrichtungen wie das Kuratorium für Journalistenausbildung oder die Katholische Medienakademie. Das Medienhaus Wien des Ex-Journalisten Andy Kaltenbrunner wird ebenso regelmäßig gefördert wie Arbeiten des als „Plagiatsjäger" bekannten Wissenschaftlers Stefan Weber.

Corona-Sonderförderung: Ein Sündenfall?

„Nach wenigen Tagen Lockdown war klar, dass unsere Branche mit einem massiven Werbestorno konfrontiert sein wird." Der Mann, der sich so an den Beginn der Maßnahmen gegen die Corona-Pandemie in Österreich erinnert, heißt Gerald Grünberger. Grünberger ist Generalsekretär des Verbandes Österreichischer Zeitungen (VÖZ). Die Organisation vertritt die Interessen einer Vielzahl österreichischer Verlage und ihrer Produkte. Von der riesigen „Kronen Zeitung"

Empfänger	Betrag	davon Gratis-verteilung Schulen	davon Förderung von Auslandskorres-pondenten	davon Ausbildung
Salzburger Nachrichten	1.344.559	489.271	680.000	175.288
Die Presse	1.291.494	392.485	680.000	219.009
Der Standard	1.252.478	538.665	578.996	134.817
Kleine Zeitung	1.118.657	296.945	557.440	264.272
Kurier	1.109.308	360.693	509.683	238.932
Neue Vorarlberger Tageszeitung	1.109.308	360.693	509.683	238.932
Tiroler Tageszeitung	866.400	542.441	200.000	123.960
Oberösterreichi-sche Nachrichten	613.099	334.339	0	278.760
Kronen Zeitung	569.893	281.676	0	288.217
Wirtschaftsblatt	496.355	18.539	448.815	29.000
Oberösterreichi-sches Volksblatt	283.862	23.263	0	260.599
Salzburger Volkszeitung	259.760	35.371	54.689	169.700
Kärntner Tageszeitung	160.823	3.754	0	157.069
Vorarlberger Nachrichten	159.660	105.660	0	54.000

Ausschüttung aus dem Titel „Qualitätsförderung und Zukunftssicherung der Presse-förderung" 2004–2020, Summe in Euro
(Quelle: KommAustria/RTR)

(verkaufte Auflage: 716.000 Stück) bis hin zum wöchentlich erscheinenden „Ennstaler" (7.700 Stück). Es gibt nur wenige bekannte Titel, die nicht zum Portfolio gehören, für das Grünberger spricht. Darunter fallen zum Beispiel „Österreich", dessen Gratis-Ableger „OE24" und „Heute".

Grünberger erinnert sich an dramatische Rückgänge in Höhe von 45 Prozent, die die Verlage in die VÖZ-Zentrale am Wiener Schottenring meldeten. Also tat er das, wofür ihn die Mitglieder der vergleichsweise kleinen, aufgrund der besonderen Branche jedoch gerade im politischen Umfeld sehr einflussreichen Organisation bezahlen: die eigenen Interessen bei Entscheidungsträgern vorbringen und bestmöglich durchsetzen. Wie?

Darüber möchte er nichts erzählen. Geschäftsgeheimnis. Nicht geheim ist aber: Grünberger hat zur schwarz-türkisen Reichshälfte des Landes einen guten Zugang. Er war einst Bundessekretär der Jungen ÖVP und Mitarbeiter im Kabinett von Ex-Medienstaatssekretär Franz Morak (ÖVP). Nach seiner Zeit in der Regierung Schüssel holte ihn VGN-Eigentümer Horst Pirker zum VÖZ. Pirker war damals VÖZ-Präsident und Vorstand der Styria Media Group.

Nachdem Grünberger seinen Lagebericht auch der Bundesregierung übermittelt hatte, begannen Verleger und Bundesregierung zu rechnen und sich auch mit den potenziell ebenso vom Werbeeinbruch betroffenen Nichtmitgliedern des VÖZ, „Österreich" und „Heute", abzustimmen. Diese finanzieren den eigenen Betrieb aufgrund ihres Geschäftsmodells der Gratisverteilung nahezu vollständig aus Werbung und sind deshalb von Umsatzrückgängen am Werbemarkt stärker betroffen. Bei Kaufzeitungen tragen Inserate zwar einen großen, zuletzt in der Bedeutung jedoch abnehmenden Teil zu den Gesamterlösen bei.

Anfang April 2020 ging dann alles ganz schnell. Im Kanzleramt dürfte demnach zunächst die Idee entstanden sein, die Verlage – zusätzlich zu den Hilfen, die ihnen wie allen anderen Unternehmen auch zustanden – bei den Kosten für Druck und Vertrieb zu unterstützen. Und dies gleich für den Zeitraum von mehreren Monaten. Regierungskreise bestätigten, dass in den Unterlagen von Sebastian Kurz' Medienbeauftragtem Gerald Fleischmann von einem dreistelligen Millionen-Euro-Betrag die Rede war. Eine Summe, die öffentlich schlichtweg nicht argumentierbar schien. Es kam zu Nachverhandlungen, und schließlich wurde die Idee geboren, einen bestimmten Betrag pro gedrucktem Exemplar auszuschütten, und zwar auf Basis der durchschnittlichen Auflage des Jahres 2019. 4 Euro pro Stück wollte das Kanzleramt überweisen. Als das bekannt wurde, begannen wohl die Ränkespiele.

Dies deshalb, weil die größten Summen ausgerechnet an die auflagestarken Blätter gehen sollten. Neben der „Krone" sind das vor allem die überwiegend kostenlos per Entnahmeboxen in den öffentlichen Verkehrsmitteln vertriebenen Titel „OE24" (Familie Fellner) und „Heute" (Familie Dichand). Titel, die sich von Haus aus aufgrund ihres Vertriebsweges die teure Einzelzustellung der Kaufzeitungen ersparen. Und Titel, die aufgrund der damaligen Ausgangsbeschränkungen potenziell ohnedies erheblich weniger Publikum erreichten und dennoch dafür entschädigt werden sollten, obwohl nur vorgesehen war, die Faktoren Druck und Vertrieb bei etwaigen Unterstützungszahlungen zu berücksichtigen. Woher man das weiß? Aus den Daten des Digitalkonzerns Google. Dessen Betriebssystem Android ist auf Millionen Smartphones in Österreich installiert. Diese Geräte senden – angeblich anonymisierte – Bewegungsdaten an Google zurück. Die Amerikaner haben diese Daten ausgewertet. Mit dem Ergebnis: Zur Zeit des ersten Lockdowns im Frühling 2020 waren in Wiens öffentlichen Verkehrsmitteln 69,7 Prozent weniger Menschen unterwegs als gewöhnlich. Menschen, die sonst zu den Gratiszeitungen in den Entnahmeboxen greifen. Das fiel nun weg.

Das Kanzleramt störte das nicht, wohl aber jene Mitbewerber, die sich selbst der Gruppe der Qualitätsmedien zurechnen. Es begann der Kampf ums Geld, der auch über Kommentare in den eigenen Blättern geführt wurde. Die anderen, die Boulevardmedien also, seien der hohen Förderungen wegen der hohen Auflagen nicht würdig. „Was hier geplant ist, ist kein Medien-Rettungsgesetz. Es ist ein Boulevard-Belohnungsgesetz", schrieb „Standard"-Chefredakteur Martin Kotynek.[33] Was „Qualität" sei, wollten also einmal mehr die Vertreter der Qualitätspresse festlegen. Auch mithilfe des Presseclubs Concordia, der sich ebenfalls öffentlich und kritisch äußerte: „Ausschlaggebend für die Förderung sollte die Qualität des Inhalts, nicht

Vertriebsweg und Auflage sein." Im Vorstand der Concordia sind übrigens mehrere Vertreter des Qualitätssegments tätig, aber kein einziger Mitarbeiter eines jener Boulevardblätter, deren Förderung man kritisierte.

Am Ende wurde schließlich das folgende, einmalig ausbezahlte Hilfspaket beschlossen:

— 9,7 Millionen Euro außerordentliche Förderung für 15 Tageszeitungen. Das entspricht 3,25 Euro pro gedrucktem Exemplar.

— 3 Millionen Euro außerordentliche Förderung für 88 Zeitschriften, Wochen-, Regional- und Online-Zeitungen. Maximale Förderhöhe: 200.000 Euro.

— Erhöhung der Vertriebsförderung für Tages- und Wochenzeitungen von 3,9 auf 9,7 Millionen Euro.

Inklusive aller anderen Säulen der Presseförderung schüttete das Kanzleramt über die Kommunikationsbehörde 2020 damit 27,4 statt der sonst üblichen 3,9 Millionen Euro aus und zeigte dabei klare Präferenzen: 18,8 Millionen davon (68 Prozent) gingen an 13 Tageszeitungen, um 7,6 Millionen (28 Prozent) bemühten sich 95 Zeitschriften, Wochen-, Regional- und Online-Zeitungen. Das entsprach einer durchschnittlichen Fördersumme von 1,4 Millionen Euro bei den Tagestiteln und 79.655 Euro bei allen anderen. Die verbliebene Million Euro stand Ausbildungseinrichtungen und Forschern zur Verfügung.

Titel	Förderung in Euro	Titel	Förderung in Euro
Kronen Zeitung	3.261.154	Neues Land	231.562
Österreich/OE24	2.033.705	Sonntagsblatt für Steiermark	231.562
Heute	1.842.148		
Die Presse	1.739.351	Die Furche	207.568
Der Standard	1.703.961	Raiffeisenzeitung	204.319
Kleine Zeitung	1.493.628	Tips	200.000
Oberösterreichisches Volksblatt	1.218.176	News	193.648
Neue Vorarlberger Tageszeitung	1.126.323	Tiroler Sonntag – Kirchenzeitung der Diözese Innsbruck	187.293
Kurier	1.025.593	Kirche bunt – St. Pöltner Kirchenzeitung	185.249
Oberösterreichische Nachrichten	949.887	Der Sonntag – Die Zeitung der Erzdiözese Wien	177.531
Tiroler Tageszeitung/ TT Kompakt	875.363	Gewinn	160.340
Salzburger Nachrichten	824.011	Martinus – Kirchenzeitung der Diözese Eisenstadt	155.737
Vorarlberger Nachrichten	692.168	Rupertusblatt – Wochenzeitung der Erzdiözese Salzburg	155.737
Profil	333.670		
Falter	312.012	Burgendländische Volkszeitung	137.365
Salzburger Woche	306.780		
NÖN	244.598	Kirchenblatt Vorarlberg	136.213
Weekend Magazin	240.830	Neue Freie Zeitung	133.375
TV Media	236.102	Sonntag – Kärntner Kirchenzeitung	120.521
Kirchenzeitung Diözese Linz	232.306	Falstaff	115.810
Bauernzeitung	231.562	Landwirt	110.291

WEITER AUF SEITE 62 →

Titel	Förderung in Euro
Wiener Bezirksblatt	109.262
Welt der Frauen	108.414
Chefinfo	104.382
Zur Zeit – Die Wochenzeitung für Österreich	103.295
Rundschau	100.315
Bezirksblätter	95.096
Woman	93.793
Bezirksrundschau	93.035
Wienerin	90.265
RZ Regionalzeitungen	83.641
Trend	69.476
Horizont	57.442
Wienlive Look!	53.453
Kleine Kinderzeitung	53.105
H.O.M.E.	51.699
Novice	51.572
Unser Magazin	47.115
Nedelja – Slowenische Kirchenzeitung der Diözese Gurk	43.013
Ärztewoche	37.304
6020 Stadtmagazin	37.042
City Magazin	36.637
Der Ennstaler	35.128
Wochenblick	34.398

Titel	Förderung in Euro
Biber	32.321
Pferderevue	28.451
Hrvatske Novine	28.193
Süd-Ost Journal	27.323
Oberösterreichische Rundschau	26.757
Blick ins Land	25.643
Woche Steiermark	25.057
Vor-Magazin	24.853
Garten + Haus	23.240
Murtaler Zeitung	23.147
BZ Wiener Bezirkszeitung	22.479
Gusto	21.900
Woche Kärnten	21.682
Unterkärntner Nachrichten	21.628
Der Winzer	21.536
Badener Zeitung	21.376
Ischler Woche	21.376
Kitzbüheler Anzeiger	21.376
Osttiroler Bote	21.376
Die Tiroler Basics	20.241
Vinaria	19.920
Glasnik Crikvene novine Zeljezanske biskupije	19.524

Titel	Förderung in Euro
Kochen & Küche	17.942
Oberösterreicherin	17.882
Salzachbrücke	17.194
Bote aus der Buckligen Welt	16.917
Kärntner Regionalmedien	16.479
Kufsteinblick	16.269
Tirolerin	16.195
Steirerin	15.410
Schafe & Ziegen aktuell	14.662
Koch- und Back-Journal	14.533
Metropole	14.314
Südwind Magazin	14.274
Dein Bezirk	12.432
Auto-Aktuell	12.050
indie-mag.com	8.810
Der Grazer	8.640
Economy.at	8.048
Mein Monat	7.925
Bezirksrevue	6.781
Aktiv Zeitung	4.858
Ballesterer	4.835
Woche Weiz/Gleisdorf	4.739
Niederösterreicherin	3.910
c/o Vienna Magazin	2.834

Presseförderung 2020: Alle Titel inklusive Corona-Sonderförderung (Quelle: KommAustria/RTR)

Förderkommission:
Zahler und Empfänger entscheiden selbst

Wie dicht Regierung, Behörden, Parlament und Medien in Österreich miteinander verwoben sind, wird von der vierten Gewalt im Staat meistens nur unzureichend oder in kleinen Stücken beleuchtet. Und wenn, dann oft mit eingeschränktem Blick. Meistens beschränkt sich die mediale Kontrolle darauf, festzustellen, dass Boulevardmedien zu viel und das Segment der Qualitätsmedien zu wenig Zuwendungen bekommen. Ungefähr so, wie man es bei den auf den vorigen Seiten geschilderten Debatten des Presseclubs Concordia erleben konnte. Das ist nachvollziehbar und die Vertretung der eigenen Interessen auch legitim. Aber dennoch eine Schwäche, weil für die Leser und Steuerzahler ein wichtiger Teil des Gesamtbildes nicht ausgeleuchtet bleibt.

Diese wichtige Rolle eines Kritikers von außerhalb des Systems übernimmt zum Beispiel Matthias Benz. Der studierte Volkswirt und Historiker ist schon von Geburt an neutral: Benz stammt aus der Schweiz. Er ist Mitglied der Wirtschaftsredaktion der „Neuen Zürcher Zeitung", war Korrespondent des Blattes in Wien und Berlin. Den Boden der Wissenschaft hat der 1973 geborene Benz jedoch nie verlassen. Er ist nämlich auch Honorarprofessor für Volkswirtschaftslehre an der Universität Wien.

Am Abend des 23. März 2017 hielt er im Kleinen Festsaal der Uni seine Antrittsvorlesung. Die Veranstaltung war gut besucht – weniger von Journalisten, dafür von Studenten und Wissenschaftlern. Unter ihnen war auch Martin Kocher, damals wissenschaftlicher Direktor des Instituts für Höhere Studien (IHS) und später Arbeitsminister während der zweiten Amtszeit von Bundeskanzler Sebastian Kurz. Thema: „Wie einflussreich sind die Medien?" Benz beschrieb das gegenseitige Wechselspiel zwischen Politik und Medien nicht, wie es vielfach passiert, auf Basis von Meinung, Einschätzung und ideologischen Standpunkten. Anhand konkreter Studien zeigte er dem Publikum, wie man mit den Werkzeugen der Medienökonomie die gegenseitige Beeinflussung und Abhängigkeit von Redaktionen und Regierungen nachzeichnen kann. Die größte Wirkung entfalten demnach Themenauswahl (auf die die Politik reagiert) und Geldzahlungen (in die umgekehrte Richtung). Einer von Benz' zentralen Sätzen während des knapp 45-minütigen Referats fiel, als er über die Vergabe von Inseraten und die Presseförderung sprach. „Staatsgelder sind keine Alternative, da sie in Abhängigkeiten führen." Keine einzige geförderte Zeitung berichtete von der Veranstaltung, nur Benz' Arbeitgeber, die Schweizer „Neue Zürcher Zeitung".

Natürlich hat auch Benz' stark marktwirtschaftlich orientierte Perspektive Kritiker. Medien sind nicht nur Unternehmen im Sinne des Wettbewerbs auf einem Markt. Klassische Medien wie Zeitungen erfüllen bis heute und trotz des beständig wachsenden Einflusses digitaler Plattformen wie Facebook, Twitter und YouTube wichtige öffentliche Funktionen. Josef Trappel, Kommunikationswissenschaftler an der Universität Salzburg, ist einer jener Experten, die den Einfluss von Subventionen wie Presseförderung auf die Unabhängigkeit der Berichterstattung für gering halten. Und selbst wenn, würden diese bei Einhaltung bestimmter Regeln nicht zwangsläufig in redaktionelle oder wirtschaftliche Abhängigkeit führen. Jedenfalls dann nicht, wenn die Vergabe der Gelder vordefinierten Regeln folge und vom Anfang bis zum Ende des Prozesses „demokratisch kontrolliert" würde.[34] Oder anders formuliert: Entscheidend ist, wie die Beurteilung, ob und wer überhaupt gefördert wird, entsteht. In Österreich ist auch das eine besondere Gemengelage, in der die Mitspieler vieles sind, aber nicht unabhängig und frei von Interessenkonflikten.

Um dem nachzugehen, reisen wir zurück zur Kommunikationsbehörde in den nach außen hin so transparent erscheinenden Bürokomplex in Wien-Mariahilf. Dort unterschreiben letztlich die fünf vom Bundeskanzler bestellten, formal jedoch unabhängigen Beamten die Förderentscheidungen. Doch nicht nur der Bestellung der Behördenmitglieder geht ein langer, politisch beeinflusster Bestellungsprozess voran. Auch die Vorbereitung der Förderentscheidungen ist nicht so unabhängig, wie sich Förderer und Geförderte gegenüber Publikum und Steuerzahlern geben, denn bevor die KommAustria urteilt, holt sie Gutachten der sogenannten Presseförderungskommission ein, auf deren Grundlage letztlich die Gelder an die Verlage fließen. Das Interessante an dieser Kommission: Ihre Mitglieder werden vom

Fördergeber, dem Bundeskanzleramt, und Interessenvertretern der Fördernehmer entsandt. Gemeinsam wählen sie einen Vorsitzenden, der von außerhalb der Runde kommt. Gesandte der Regierung, des Verbandes Österreichischer Zeitungen (VÖZ) und der Journalistengewerkschaft beurteilen also, wer für die Zahlungen aus dem Subventionstopf überhaupt infrage kommt.

Nun könnte man sagen, dass der Ermessensspielraum bei der Presseförderung gering ist, da deren Auszahlung eigentlich an die im Presseförderungsgesetz beschriebenen Voraussetzungen gebunden ist. In der Praxis gibt es hierfür jedoch Ausnahmen, mit deren Hilfe die Kommission als verlängerter Arm ihrer Besteller erheblichen Einfluss ausüben kann. Entscheidet sie nämlich einstimmig, kann sie ganz fundamentale Regeln des Gesetzes aushebeln. Diese Geschichte wird auf den nächsten Seiten noch erzählt.

Während die Interessen der Verleger (möglichst viele Förderungen) und der Gewerkschaft (möglichst viele journalistische Arbeitsplätze) recht konstant sind, ändert sich die Interessenlage der Regierung mit dem jeweiligen Bundeskanzler. Deshalb lässt sich an der Besetzung der Kommission ablesen, wie wichtig den Regierungschefs Mitbestimmung bei der Vergabe des Geldes an die Zeitungen ist. Im Frühling 2021 saßen neben den jeweils zwei Vertretern von Gewerkschaft und VÖZ zwei Gesandte von Bundeskanzler Sebastian Kurz in der Runde: Michael Ulrich und Johannes Pasquali.

Ulrich zog 2013 mit Sebastian Kurz noch als Verwaltungspraktikant am Ballhausplatz ein. Ganz allgemein sind solche Praktika in allen Ministerien ein beliebtes Vehikel dafür, rasch und abseits der komplizierten und langwierigen Schaffung von Planposten in der Verwaltung Wunschkandidaten des Ministers (oder Kanzlers) in die Struktur eines Hauses zu bekommen. Insbesondere dann, wenn der Amtsvorgänger aus einem anderen politischen Lager kam. Heute ist Ulrich stellvertretender Abteilungsleiter des Informationsdienstes im Haus. Die Abteilung ist für das tägliche News-Management und die Medienbeobachtung zuständig.

Der zweite Kanzler-Gesandte, Johannes Pasquali, hat für die ÖVP aus anderen Gründen Gewicht und Einfluss. Dies weniger, weil er im Wiener Innenstadtbezirk Wieden als Obmann der türkisen Bezirksgruppe vorsteht. Vielleicht schon etwas mehr, weil er mit der langjährigen Lebensgefährtin von Sebastian Kurz, Susanne Thier, in der gleichen Abteilung des Finanzministeriums arbeitet. Am meisten jedoch sicher, weil Pasquali diese Abteilung auch leitet. Die Rede ist von der Abteilung für Öffentlichkeitsarbeit und Kommunikation. Gemeinsam mit dem Bundeskanzleramt ist das Finanzministerium nämlich jene Behörde innerhalb der Regierung, die am meisten (Eigen-)Werbung in Form von Inseraten in Zeitungen schaltet. Dabei geht es um Summen, die die von Pasquali in der RTR-Kommission mitbestimmte Presseförderung um ein Vielfaches übersteigen.

Dass Bundeskanzler Vertrauensleute in die Presseförderungskommission entsenden und damit Einfluss auf die Verteilung von vielen Millionen Euro nehmen können, ist keine Besonderheit der Ära Kurz. Schon seine Vorgänger haben davon reichlich Gebrauch gemacht. Während der Amtszeiten sozialdemokratischer Regierungschefs vor ihm (Christian Kern, Werner Faymann, Alfred Gusenbauer) saßen dort durchgängig – im Sinne des Kanzlers – zuverlässige Personen, die Kurz gleich nach seinem Amtsantritt bei nächster Gelegenheit ersetzt hat. Eine Entsendung in dieses Gremium ist nämlich immer auf zwei Jahre befristet.

Gleich 2018 hat Kurz mit dem bis heute aktiven Johannes Pasquali und dem Vorgänger von Michael Ulrich, Helmut Wohnout, SPÖ-nahe Vertreter ersetzt. Wohnout war Büroleiter von Heinrich Neisser, einst 2. Präsident des Nationalrates für die ÖVP, und Kabinettschef des ehemaligen ÖVP-Medienstaatssekretärs Franz Morak. Vor Wohnout und Pasquali waren in der Presseförderungskommission zwei Personen tätig, die noch Werner Faymann eingesetzt hatte (Christian Kerns Amtszeit war dafür zu kurz): Wolfgang Trimmel und Gisela Kirchler-Lidy. Trimmel wurde unter Faymann Leiter des Bundespressedienstes im Bundeskanzleramt. Und noch viel früher Pressesprecher des damaligen Wiener SPÖ-Bürgermeisters Michael Häupl. Auch Kirchler-Lidy hat SPÖ-Vergangenheit. Sie war vor ihrer Bestellung Pressesprecherin mehrerer SPÖ-Sozialminister, darunter Lore Hostasch und Erwin Buchinger.

Die Liste der SPÖ-nahen Kommissionmitglieder lässt sich fortführen. Unter ihnen: Samo Kobenter (Ex-Leiter Bundespressedienst, 2021 Mitarbeiter des Kärntner SPÖ-Landeshauptmanns Peter Kaiser), Dagmar Hemmer (ehemalige parlamentarische Mitarbeiterin des

SPÖ-Klubs im Parlament und Assistentin von SPÖ-Bundesgeschäftsführerin Andrea Kuntzl). Auch die Gusenbauer vorangegangene schwarz-orange Regierung entsandte Vertrauensleute zur Vergabe der Presseförderung: darunter Claus Hörr, unter Wolfgang Schüssel Abteilungsleiter im Bundespressedienst. Und den Rechtsanwalt Clemens Achammer, der für den Koalitionspartner BZÖ in Vorarlberg tätig war.

Wie wichtig die Zusammensetzung der Presseförderungskommission ist, zeigt sich besonders gut bei wichtigen Entscheidungen zugunsten zweier ganz bestimmter Redaktionen. Die eine befindet sich im Westen von Graz in einem modernen, holzverschalten Neubau. Die andere in der Wiener Innenstadt gegenüber der herrschaftlichen Französischen Botschaft und in Sichtweite der Karlskirche. Die Produkte, die hier entstehen, heißen „Neues Land" und „Bauernzeitung". Im Verbund schaffen sie es so auf wöchentlich 143.000 Stück Auflage. Die beiden hinter den Zeitungen stehenden Verlage gehören über eine komplizierte firmenrechtliche Konstruktion mit gegenseitigen Beteiligungen dem Österreichischen Bauernbund und seinen Landesorganisationen, versehen mit einem kleinen Schuss Raiffeisen-Beteiligung. Gemäß seiner in den Statuten verschriftlichten Grundsätze ist der Bauernbund „eine Teilorganisation der ÖVP" und versteht sich ausdrücklich als „Interessenvertretung der Bauern". Für seine beiden Zeitungen bekam er seit 2004 Presseförderung in Höhe von 3,3 Millionen Euro. Und das, obwohl im Presseförderungsgesetz steht, dass geförderte Titel „weder Kundenzeitschriften noch Presseorgane von Interessenvertretungen" sein dürfen. Wie ist das möglich?

Genau hier kommt die Presseförderungskommission ins Spiel. Stimmt die Kommission nämlich einstimmig dafür, kann die Behörde Titel fördern, die diese Voraussetzung auf den ersten Blick nicht erfüllen.

Im weitesten Sinne sind politische Parteien auch Interessenvertretungen, dennoch gehörten und gehören politische Parteien und ihre Medien zu den größten Empfängern von Presseförderung. Bis heute trifft das auf das „Oberösterreichische Volksblatt" der oberösterreichischen ÖVP zu, in der jüngeren Vergangenheit auch auf die „Salzburger Volkszeitung" der Salzburger VP. Seitens der SPÖ erhielten bis in die 2010er-Jahre die inzwischen eingestellte „Kärntner

Tageszeitung" und das Wochenblatt „SPÖ aktuell" Subventionen. Das Gute an Gutachten ist, dass die darin gezogenen Schlussfolgerungen meistens detailliert begründet werden. Und es ist davon auszugehen, dass das in den Gutachten der Presseförderungskommission nicht anders ist. Die in der Sache schlechte Nachricht für Publikum und Steuerzahler kommt jedoch direkt aus dem Bundeskanzleramt: „Adressat der Kommissionsgutachten ist die KommAustria, eine Veröffentlichung ist nicht vorgesehen."[35]

Presse und Parteien: Interessenabtausch seit 1975

Sind sich in Österreich Medien und Politik zu nahe? Betrifft das insbesondere die Bereiche Presse und Regierung, die sich gegenseitig mit Informationen, Werbeetats, Förderungen und freundlicher, zumindest aber nicht allzu harter Berichterstattung stützen?

Mit dem zügellosen Wachstum des Internets entstand, angetrieben durch die Kreativität seiner Nutzer, eine Vielzahl an Plattformen, Blogs, News-Sites und Sammelbecken für Kreative und Kritiker, die mit den klassischen Verlagen von Anfang an hart ins Gericht gingen. Nicht immer gerecht, manchmal polemisch und überzogen, aber in vielen Fällen auch bereichernd, präzise und erhellend. Zu tun hat das unter anderem damit, dass diese inzwischen gar nicht mehr so „neuen" Medien mit den alten, manchmal auch bewusst etwas abschätzig als „legacy media" bezeichneten Riesen in direkter Konkurrenz um die Aufmerksamkeit des Publikums stehen. Längst sind die Verlage mit ihren eigenen Plattformen im Netz aktiv und stehen hier der unbändigen Kritik der neuen Mitspieler gegenüber. Deren Eigentümer und Betreiber erhalten jedoch kaum bis keine Förderungen. Deren Erlöse aus Werbeschaltungen der Regierung gehen ebenfalls gegen null. Das bedeutet, dass sie sich nahezu völlig frei bewegen und, anders als die Etablierten, mit erheblich mehr Abstand auf die gegenseitigen Verstrickungen des politmedialen Komplexes blicken und das auch ansprechen sowie kritisieren.

Zu diesen vergleichsweise kleinen, aber deutlichen Stimmen gehören in Österreich Plattformen wie „Dossier" oder das vom ehemaligen Nationalratsabgeordneten Peter Pilz gegründete „ZackZack", dessen Name auf Heinz-Christian Straches gleichlautenden Ausspruch im sogenannten „Ibiza-Video" zurückgeht. „Red Bull"-Chef Dietrich Mateschitz finanzierte dreieinhalb Jahre lang die vom Journalisten Michael Fleischhacker und vom Medienunternehmer Niko Alm projektierte Plattform „Addendum", stellte im Herbst 2020 jedoch den Betrieb ein.

Auch stark von politischen Ideologien und Parteien geprägte Dienste wie „Moment", „Kontrast" (SPÖ), „Unzensuriert" (FPÖ) und „Wochenblick" sprechen die behauptete Nähe zwischen klassischen Medien, meistens ist damit die Presse gemeint, und der Regierung gerne an.

Das tun auch etablierte und inzwischen selbstständige Journalisten, die zuvor für diese Zeitungen tätig waren. Darunter befinden sich unter anderem Johannes Huber (einst „Vorarlberger Nachrichten", heute „diesubstanz.at"), Christian Ortner (einst „Profil" und „Format", nun „ortneronline.at") und Andreas Unterberger (einst „Die Presse" und „Wiener Zeitung", nun schon länger „das-tagebuch.at"), deren Blogs ausgerechnet Teil jenes Sektors der Medien sind, für den sich die Medienpolitik vergangener Regierungen am wenigsten interessiert hat. Das ist kein Zufall. Das Verhältnis zwischen klassischen Medien und der politischen Staatsführung ist, mit all seinen Verbindungen und finanziellen Abhängigkeiten, über viele Jahre gewachsen. Eine Geschichte, die den neuen Mitspielern am Markt schlichtweg fehlt, ihnen – zumindest in Geldwerten – zwar nichts einbringt, sie aber umgekehrt auch nicht belastet oder bindet.

Denn ein Grund dafür, dass es die Presseförderung in Österreich überhaupt gibt, ist – bei boshafter Formulierung – ein Abtausch zwischen Verlagen und Regierung. Es ist kein Zufall, dass die beiden Gesetze zu Förderung von Presse und Parteien zeitgleich, nämlich am 24. Juli 1975, im Bundesgesetzblatt veröffentlicht wurden. An diese gemeinsame Geschichte von Presse- und Parteienförderung erinnern sich heute noch Personen, die damals unmittelbar mit den Vorarbeiten beschäftigt waren. Darunter der ehemalige Bundespräsident Heinz Fischer. Doch je nachdem, aus welchem Mund die geschilderte Geschichte kommt, hört sie sich jedes Mal ein klein wenig anders an.

Alle politischen Fäden in der Hand hielt damals Bruno Kreisky. Nach einer vergleichsweise kurzen Periode, während der er eine von der FPÖ tolerierte Minderheitsregierung anführte, erreichten Kreisky und die SPÖ bei den vorgezogenen Neuwahlen im Jahr 1971 die absolute Mehrheit. Die Alleinregierung eröffnete die Chance, die eigenen Vorstellungen von Politik stärker berücksichtigen zu können, weniger Kompromisse schließen zu müssen. „Eines der Themen, die Kreisky besonders interessierten, waren die Beziehungen zwischen Politik und Medien", erinnert sich heute Heinz Fischer an jene Zeit.

Fischer blickt auf eine lange Karriere in Sozialdemokratie und Politik zurück. 1971, mit der „Absoluten", zog er als Abgeordneter in den Nationalrat ein. Die Volksvertretung verlassen hat Fischer erst wieder 31 Jahre später. Zwischenzeitlich war er Klubobmann der SPÖ, Wissenschaftsminister und Präsident des Nationalrates. Anschließend diente er der Republik noch zwei Amtsperioden als Bundespräsident.

Mit der Distanz der Jahre und dem Nimbus eines integren „elder statesman" erzählt Fischer 2021 davon, warum Kreisky so großes Interesse für die Medien zeigte: weil sie, als Stütze der Demokratie, wichtig für den Staat waren, und weil er sie brauchte, um das Gesetz zur Förderung der Parteien nach außen hin zu argumentieren. Die Verankerung der Parteien im Staat war damals nämlich keineswegs so genau geregelt, wie wir das heute kennen. Genauso wenig deren Finanzierung. Damals entstand die Idee, die die meisten europäischen Parteienfinanzierungssysteme vom amerikanischen System unterscheidet: Geld vom Staat sollte die Parteien unabhängiger von reichen und einflussreichen Spendern machen. „So entwickelte Kreisky den Gedanken, Parteienförderung und Zeitungsförderung miteinander zu koppeln", erzählt Fischer, der damals unter anderem mit dem späteren Zentralsekretär und Innenminister der SPÖ, Karl Blecha, an dem Thema arbeitete. Rechtlich beraten wurden sie vom späteren Präsidenten des Verfassungsgerichtshofes, Ludwig Adamovich, damals noch als Beamter im Verfassungsdienst des Bundeskanzleramtes tätig. „Kreisky hoffte", erinnert sich Fischer, „dass eine finanzielle Förderung der politischen Parteien von den Medien nicht kritisiert werden kann, wenn auch Zeitungen gefördert werden." Daraus würde sich auch die Gleichzeitigkeit der beiden Gesetze erklären.

Die, die damals den Politikern gegenübersaßen, nahmen das anders wahr. Aus der Perspektive der Zeitungsverleger war die Einführung der Presseförderung kein Gegengeschäft für die Förderung der

Parteien, sondern lediglich ein unzureichender Schadenersatz für vorangegangene Entscheidungen Kreiskys.

Einer, der damals als junger Mann für die gesamte Branche mit der Regierungsspitze verhandelte, war Walter Schaffelhofer. Angefangen hat er als Journalist. Bei der „Furche" schrieb er Tür an Tür mit dem Politikwissenschaftler Anton Pelinka. Später wurde Schaffelhofer Verlagsleiter des heutigen Styria-Blattes. 1975 jedoch war er Generalsekretär des Verbandes Österreichischer Zeitungen (VÖZ). Eine Funktion, die er erst 2008 zurücklegte. Seither ist Schaffelhofer im Ruhestand, beobachtet von seiner Wiener Wohnung aus den Markt und sagt: „Die Presseförderung war für mich nur die Wiedergutmachung für die Einführung der Mehrwertsteuer auf die Verkaufserlöse für Zeitungen." Als Gegenleistung im Zuge eines Paktierens mit der Politik über die Parteienförderung habe er sie nie wahrgenommen. Und er ergänzt: „Ich kann aber nicht ausschließen, dass solche Überlegungen vereinzelt angestellt wurden."

Denn damals, in den 1970er-Jahren, hatte der VÖZ als Interessenvertretung bei Regierung und Verlegern selbst noch nicht das Gewicht, das er heute hat. Zu jener Zeit bezog Schaffelhofer ein kleines Büro in der Wiener Schreyvogelgasse. Ganz in der Nähe des Innenstadt-Cafés „Landtmann", wo sich bis heute Journalisten, Medienmanager und Politiker zum informellen Austausch treffen. Die politmediale Welt Österreichs ist klein. Der VÖZ hatte damals mit internen Auseinandersetzungen zu kämpfen, mit regelmäßigen Ein- und Austritten, zeigte Schwächen. Insbesondere die damals noch bedeutsamen Parteizeitungen beteiligten sich an diesem Spiel. Bis dahin war es sogar innerhalb des Verlegerverbandes Tradition, dass die Positionen zwischen Rot und Schwarz aufgeteilt werden: Der Generalsekretär war laut dem informellen Regelbuch Sozialdemokrat, der Verbandspräsident ein Bürgerlicher. Als dieses Lager plötzlich beide Positionen innehatte, gab es einen Aufstand. Die Blätter der Sozialdemokraten, nämlich „Arbeiter-Zeitung", „Neue Zeit", „Linzer Tagblatt" und die „Kärntner Tageszeitung", verließen aus Protest gegen Schaffelhofers Bestellung den Verband. Aus dem linken Spektrum blieb lediglich die kommunistische „Volksstimme". Kurze Zeit später, als sich die Wogen geglättet hatten, traten sie wieder ein. Schon damals zeigte die Zeitungslandschaft in Österreich einen hohen Grad an

Konzentration. „Krone" und „Kurier" dominierten den nationalen Markt, in den Bundesländern waren die Produkte der traditionellen Verlegerfamilien geradezu unantastbar. Komplettiert wurde die wilde Mischung unterschiedlichster Interessen durch die zahlreichen Parteizeitungen, deren Gunst beim Publikum allerdings schon damals schwand. Wie groß der in Aussicht gestellte Subventionstopf sein und wer welchen Platz bei dessen Ausspeisung erhalten sollte, darüber herrschte Uneinigkeit. Der vöz war schlichtweg zu schwach, um allen Interessen eine gemeinsame Stimme zu geben. Demnach muss es auch eine Reihe bilateraler Gespräche zwischen einzelnen Verlagen und Mitgliedern der Regierung Kreisky gegeben haben, denn: „Wenn sich die Verleger selbst was richten können, dann machen sie das auch", beschreibt Schaffelhofer den begrenzten Einfluss „seines" vöz. „Das tun sie ja bis heute so."

Selbst Kreisky schien von der Vielzahl der Positionen genervt zu sein. Über die „Sozialistische Korrespondenz", den Pressedienst der spö, lud er die Verleger zu einem „klärenden Gespräch" ein. Da sich diese in „vielen Fragen selbst uneinig" seien, betrachtete er seine Rolle bei diesem Gespräch – wörtlich – als die eines „Friedensrichters".[36]

Das machte Eindruck. In den folgenden Wochen einigte man sich. Mehrfach wurde dabei in den Gesprächen klar, dass Kreisky Presse- und Parteienförderung, wie Heinz Fischer es heute beschreibt, nicht zufällig als ein Paket wahrnahm. Schriftlich ließ er festhalten, dass für beide zusammen Mittel in Höhe von 150 Millionen Schilling zur Verfügung stehen sollten. Im Archiv der Austria Presseagentur ist von Kreisky dazu folgendes Zitat dokumentiert: „Die Förderung der Presse und der Parteien sind ‚Finanzprobleme der Demokratie'". Zwischen den beiden Materien bestehe „kein Junktim, aber ein kausaler Zusammenhang".

Wenig überraschend nahm die oppositionelle övp das Thema dankbar auf und griff Kreisky frontal an. Mit dem vielen Geld, so der Vorwurf, mache man sich die Presse gefügig. Auch ausländische Verleger sahen die Vorgänge in Österreich äußerst kritisch. Der ehemalige vöz-General Schaffelhofer erinnert sich noch daran, dass die Verlegerverbände Deutschlands und der Schweiz die österreichische Presseförderung als „Sündenfall" bewerteten. Ein Vorwurf, den Schaffelhofer schon damals anders einstufte.

Vergleichsweise emotionsgeladen verlief die Debatte dazu im Nationalrat. Zumindest lässt das das Protokoll der Sitzung vom 2. Juli 1975 erahnen. Zwar waren sich offenbar alle grundsätzlich darüber einig, dass die Förderung der Parteien zu begrüßen sei. Die Art und Weise, wie künftig Zeitungen gefördert werden sollten, sei jedoch fragwürdig. Besonders tat sich in der Debatte der ÖVP-Abgeordnete Karl Glaser hervor, im Zivilberuf Post- und Fernmeldebeamter in Salzburg. Er äußerte die Befürchtung, dass die Presseförderung in der geplanten Form eigentlich nur bestehende Marktverhältnisse einzementiere, also den bundesweiten Marktführern und den regionalen Großverlagen diene. „Wenn man diesen Gesetzesentwurf etwas näher betrachtet", schimpfte er und griff direkt Kanzler Kreisky auf der Regierungsbank und den Abgeordneten Karl Blecha an, werde man „so wie ich zu der Feststellung kommen, dass dieses Gesetz eigentlich richtiger lauten müsste: ‚Gesetz zur Förderung großer Zeitungen'". Und weiter: „Die Großen werden den Rahm abschöpfen, und die Kleinen werden sich mit Brosamen zufriedengeben müssen."

Ganz so schlimm kam es nicht, aber dennoch fußte Glasers wütende Rede auf einem soliden Fundament. Denn anstatt schwächere Titel im Sinne des Erhalts von Vielfalt gegenüber den Großen zu stützen, profitierten in der beschlossenen Form vor allem die großen Blätter. Dies deshalb, weil die Gesamtdotierung der Förderung erstens der vom Staat einbehaltenen Mehrwertsteuer aus den Zeitungsverkäufen entsprach, und diese zweitens im Anschluss nach Höhe der jeweiligen Auflage verteilt wurde. Genaues ist nicht dokumentiert, aber es ist nicht auszuschließen, dass einzelne Verleger diesbezüglich Druck bei Kreisky machten. Insbesondere in Bezug auf die Berichterstattung zur Parteienförderung, wie Kreisky nach den Erinnerungen Fischers ja selbst befürchtete. Auch der damalige VÖZ-General Walter Schaffelhofer sagt heute, „dass Zeitungen wie ‚Krone' oder ‚Vorarlberger Nachrichten', bei denen die Eigentümer gleichzeitig Verlagsleiter und Chefredakteure waren, in den Gesprächen gegenüber den Politikern eine ganz besondere Position hatten".

Der Frieden, auf den Kreisky gehofft hatte, hielt. Zumindest einige Jahre lange. Das lässt sich unter anderem an den Summen ablesen, die Jahr für Jahr für Presse- und Parteienförderung ausgeschüttet wurden.

Diese betrugen anfangs jeweils knapp 75 Millionen Schilling und wurden in den Folgejahren immer gleichzeitig erhöht. Walter Schaffelhofer schmunzelt heute noch, wenn er daran denkt, dass daraus ein Running Gag zwischen ihm und Kreisky entstanden ist. „Der Bundeskanzler hat mich daraufhin immer wieder mit ‚mein teurer Freund' angesprochen."

Erst viel später, in den 1990er-Jahren, begannen sich die beiden Systeme voneinander zu entkoppeln. Die Presseförderung begann zu sinken, die Parteienförderung zu steigen. Berücksichtigt man die Inflation, hat sich der Wert der regulären, vom Bund ausgeschütteten Presseförderung zwischen 1975 und heute annähernd halbiert, jener der Parteienförderung fast verdreifacht, nämlich auf 30 Millionen Euro. Förderungen für politische Aktivitäten in den Bundesländern oder bei der Europäischen Union sind dabei noch gar nicht berücksichtigt. Mehr als nur gestopft, sondern in erheblichem Maße überkompensiert wurde dieses Loch jedoch aus einer anderen staatlichen Quelle: Inserate aus Regierungshand. Eine Geschichte noch größerer gegenseitiger Abhängigkeiten.

Im Laufe der Jahre haben Regierung und Gesetzgeber die Presseförderung immer wieder reformiert. Zehn Jahre nach ihrer Einführung begann man zusätzlich zur Förderung für alle die „besondere" Presseförderung sowie eine Förderung für Qualität und Zukunftssicherung auszuschütten (siehe vorangegangene Kapitel). Die aktuell gültige Form der Presseförderung aus dem Jahr 2004 hat diese Idee im Wesentlichen fortgeschrieben und geringfügig angepasst.

Wie uns auf den vorangegangenen Seiten ein Brancheninsider erzählte, hat vor allem die „besondere" Presseförderung bisher einigen Titeln das Überleben gesichert. Kritik an dem bestehenden Modell gab und gibt es jedoch immer wieder. Und das weit abseits der ohnedies kaum geführten Auseinandersetzung über Abhängigkeiten, Nähe und strukturellen Einfluss der Politik. Einen solchen Beitrag leistete 2013 der inzwischen verstorbene Kommunikationswissenschaftler Hannes Haas.

Im Auftrag des Bundeskanzleramts (Amtsinhaber damals war Werner Faymann) legte er auf 296 Seiten eine Evaluierung der österreichischen Presseförderung vor. Zwar attestierte auch er dem Instrument durchaus Wirksamkeit im Sinne des Erhalts von Titeln. Viel mehr leiste die Förderung jedoch nicht. Wie Österreichs Verleger empfahl auch er, die ausgeschüttete Gesamtsumme deutlich zu erhöhen und „Qualität" verstärkt zu fördern. Was Qualität sei, das versuchten Haas und sein Team zu objektivieren: eigenständig recherchierte Inhalte, innere Vielfalt von Positionen und Quellen, kritische Grundhaltung und inhaltliche Tiefe. Dabei zeigte sich, dass das Qualitätssegment der Tageszeitungen die Anforderungen in besonderem Ausmaß erfüllte. Daraus leitete Haas ab, dass sich die Förderung solcher Titel lohne. In den Kommentarspalten der benannten Titel erntete der Wissenschaftler Beifall.

Was damals in der Berichterstattung über Haas' Studie nicht thematisiert wurde: Seine Untersuchung ergab auch, dass es ausgerechnet jene Titel im Sinne der von Haas definierten „Qualität" mit den untersuchten Tageszeitungen „Standard" und „Presse" aufnehmen konnten, denen der Zugang zur Millionen Euro schweren „besonderen" Presseförderung schon per Gesetz verwehrt ist: nämlich die Nachrichtenmagazine „Profil" und „News".

In den Folgejahren zeigte sich in den Details, wie hinter den Kulissen die Presseförderung nicht als sachliches Mittel zum Erreichen bestimmter Ziele eingesetzt wurde, sondern als Instrument zur Durchsetzung von Interessen.

Mit der Gesetzesnovelle 2014 wollte sich die Regierung Faymann II gleich mehrerer kleiner Tageszeitungen annehmen. Ob aus Sparsamkeit oder aus politischem Kalkül, ist nicht bekannt. Jedenfalls reichte es bis zum Jahr 2013, sechs hauptberufliche Redakteure zu beschäftigen, um in den Genuss der lukrativen „besonderen" Presseförderung zu kommen. Faymann und sein für Medien zuständiger Kanzleramtsminister Josef Ostermayer setzten diese Schwelle in ersten Entwürfen zur Änderung der Fördervoraussetzung zunächst auf 19 hinauf. Interessant war das deshalb, weil das „Oberösterreichische Volksblatt", die Linzer Tageszeitung im Eigentum der oberösterreichischen ÖVP, zu diesem Zeitpunkt nur geringfügig weniger fixe Redakteure beschäftigte. Unterschiedlichen Angaben und Zählweisen zufolge waren es zwischen 13 und 18. Jedenfalls aber zu wenig. Zwischen den Büros mehrerer Verleger, Landeshauptleute und dem

Bundeskanzleramt stieg die Anzahl der Telefonate mit einem Schlag deutlich an, erzählt heute einer, der unmittelbar an den Verhandlungen beteiligt war. Die Aufregung war auch deshalb groß, weil neben dem „Oberösterreichischen Volksblatt" noch andere Blätter als Kollateralschäden vor dem Aus standen: die „Neue Vorarlberger Tageszeitung" (Russmedia), die „Kärntner Tageszeitung" und die „Salzburger Volkszeitung". Weil die ehemaligen Parteizeitungen „Kärntner Tageszeitung" (SPÖ) und „Salzburger Volkszeitung" (ÖVP) inzwischen in privater Hand waren, verfügten diese aber über keine Lobby mehr. Nach Interventionen der politischen Spitzen Vorarlbergs und Oberösterreichs wurden die „Neue Vorarlberger Tageszeitung" und das „Oberösterreichische Volksblatt" doch noch gerettet. Die Regierung schrieb die Mindestzahl der hauptberuflichen Journalisten letztlich mit zwölf im Gesetz fest. Für die „Salzburger Volkszeitung" und die „Kärntner Tageszeitung" bedeutete die Streichung den wirtschaftlichen Tod.

Wenige Jahre später waren es Uneinigkeit und gegenseitige Missgunst unter den Verlegern, die eine Reform der Presseförderung verhinderten. Auch dieses Mal war es ein SPÖ-Kanzleramtsminister, der die Änderung vorantrieb: Thomas Drozda. Nun bezogen die Eigentümer, Verleger und Chefredakteure selbst Position, griffen die Regierung in der Auseinandersetzung ums Geld direkt an. Es waren vor allem die Vertreter jener, die sich selbst der Gruppe der Qualitätsmedien zuordneten. Nach Berichten aus dem VÖZ waren das hinter den Kulissen „Profil" und „Die Presse", offen tat das aber vor allem „Standard"-Eigentümer Oscar Bronner. Dieser kritisierte, dass die geplante neue Presseförderung zwar insgesamt doppelt so viel ausmachen werde, trotzdem aber in eine grundfalsche Richtung gehe. Warum? Weil dadurch ein System entstehe, „das den Boulevard als genauso förderungswürdig erachtet wie Qualitätsmedien".[37]

Eine Position, mit deren Einordnung sich die betont linke Berliner „taz" in einem Bericht ihres Wien-Korrespondenten schwertat. Den Artikel dazu titelte sie: „Es gibt mehr – und keiner jubelt." Zu tun hat das mit der deutschen Tradition, im Sinne der Pressefreiheit nicht zwischen Boulevardtiteln und anspruchsvollen Zeitungen zu unterscheiden. Beides hat dort den gleichen Wert. Zwei Urteile des

Bundesverfassungsgerichts (1989 und 2006) gehen darauf ein. Die Berliner Kommunikationswissenschaftlerin Christina Holtz-Bacha leitet aus ihnen ab, dass sich Begriffe wie „Qualität" und „meinungsbildend" im Rahmen der Vergabe von Presseförderung „schlecht für eine Differenzierung von Presseerzeugnissen und einen etwaigen Ausschluss von Boulevardzeitungen heranziehen lassen". Jedenfalls sieht man das in Deutschland so.

Drozda und sein Kanzler, Christian Kern, argumentierten damals ebenfalls, dass eine Presseförderung in Bezug auf die Art des Titels nicht wertend sein dürfe. Als förderwürdig definierten sie – auch zur Freude der Gewerkschaft – die Zahl der angestellten Journalisten. Der Gedanke dabei: Mehr Personal stehe grundsätzlich für solidere Inhalte. Ob das Produkt nun leicht konsumierbar oder intellektuell fordernd sei, spiele keine Rolle. Und auch nicht, ob es gedruckt als Zeitung oder als Website erscheine. Dabei nahm die Idee durchaus Rücksicht darauf, dass die redaktionellen Riesen, also jene Blätter mit der höchsten Kopfzahl an Mitarbeitern, irgendwann eine Grenze erreichten, deren Übererfüllung ihnen nicht automatisch mehr Geld einbringen sollte. Heute sagt Drozda, dass damals vor allem „Krone", „Kleine Zeitung" und „Kurier" wegen ihrer vielen Redakteure an diese Grenze gestoßen wären. Am Ende hätten auch die personalschwächeren Häuser insgesamt mehr Mittel erhalten. Was sie jedoch störte, war, dass auch die großen Redaktionen, die viel Geld für Personal ausgaben, dafür belohnt werden sollten.

Der Vorschlag damals hat viele überrascht und empört. Dies auch deshalb, weil gerade der SPÖ in Österreich nicht zu Unrecht ein traditionelles Naheverhältnis zum Zeitungsboulevard nachgesagt wird. Und weil dieser seit vielen Jahren aus den Werbebudgets der Stadt Wien und seit Werner Faymann auch vom Bund große Summen aus den Etats zugesprochen bekommt. In der Hoffnung, dafür vielleicht nicht allzu hart angepackt zu werden.

Im Fall des Plans zur Presseförderung stellte sich also die Qualitätspresse quer. Das reichte. Wie die wenigen Zeitungen damals die Regierung beeinflussten, erklärt Thomas Drozda heute so: „Dieser Widerstand wirkte deshalb so stark, weil wir als Politiker plötzlich zwischen den Stühlen saßen. Die auflagenstarken Zeitungen brauchten das geplante Gesetz nicht, und die anderen lehnten es in der angedachten Form ab. Und etwas umzusetzen, für das man uns öffentlich vorführte, das wollten wir wiederum nicht." Das Vorhaben wurde eingestellt. Angesichts der für die Politik ohnedies viel praktikableren Form der „Förderung" der Presse durch Inserate rechnen Branchenkenner damit, dass das bestehende Gesetz noch länger so bestehen wird, wie es ist.

Aber was macht man nun mit Systemen, in denen sich manche Bewohner so wohlfühlen, dass sie die Situation weder ändern, noch ihren komfortablen Platz teilen oder gar verlassen wollen? Die Antwort lautet: Nichts. Man schafft neue.

Für die Beziehung zwischen der Bundesregierung und den traditionellen Medien bedeutet das, dass in Zukunft zusätzlich auch Tätigkeiten gefördert werden, die eigentlich schon im Laufe der vergangenen Jahre im ureigensten Interesse aller Publikationen lagen. Im Sommer 2021 entschied die türkis-grüne Koalition in Wien über den Plan, einen „Fonds zur Förderung der digitalen Transformation" einzurichten. Das Instrument, das erheblich höher dotiert ist als die klassische Presseförderung, soll Verlage und private Rundfunkanstalten dabei unterstützen, den in anderen Sektoren der Wirtschaft längst vollzogenen Wandel ebenfalls umzusetzen.

Zu Redaktionsschluss dieses Buches war das dafür notwendige Gesetz zwar noch nicht vom Nationalrat beschlossen, allerdings hatten die beiden Regierungsparteien zu diesem Zeitpunkt im Ministerrat bereits Einigkeit in den grundsätzlichen Dingen signalisiert.

Im ersten Auszahlungsjahr (vermutlich 2022) sollen unter dem Titel „digitale Transformation" 54 Millionen Euro unter den Bezugsberechtigten aufgeteilt werden, also etwa das Sechsfache, was bisher unter dem Namen Presseförderung an die Verlage ausgeschüttet worden ist. In den Folgejahren sinkt die Summe dann laut Plan auf ein Volumen von 20 Millionen Euro.

Gespeist werden soll der Förder-Fonds aus der seit 2020 eingehobenen Digitalsteuer. Diese Abgabe wurde nur geschaffen, um die Online-Werbegiganten Facebook, Google und Co. zumindest auf dem österreichischen Markt zu regulieren. Da dieser Sektor durch die Covid-19-Pandemie einen weiteren Umsatzschub erlebte, verzeichnete auch das Finanzministerium entsprechende Mehreinnahmen aus diesem Titel. Was ein Mitgrund dafür ist, dass der Fördertopf im Gegensatz zu den ursprünglichen Plänen noch einmal deutlich besser ausgestattet wurde.

Über die Bedeutung der Digitalisierungsförderung für die Beziehung zwischen Regierung und Medien gibt es unterschiedliche Interpretationen. Der Medienbeauftragte von Bundeskanzler Sebastian Kurz, Gerald Fleischmann, lobt das neue Instrument. Seiner Meinung nach „sichert es Vielfalt und Eigenständigkeit des Medienstandorts im digitalen Raum".

In kritischen Stellungnahmen des parlamentarischen Prozesses ist jedoch auch genau das Gegenteil zu lesen. Das viele Geld binde Medien, insbesondere die Verlage, nur noch enger an den Staat, heißt es sinngemäß. Zudem benachteilige das Vorhaben Medien, die den Schritt in die Digitalisierung entweder längst vollzogen haben, oder Neugründungen, die ausschließlich im Web erscheinen. Solche Publikationen waren im letzten vorliegenden Gesetzesentwurf nämlich ausdrücklich von der Förderung ausgeschlossen.

Zudem befürchten vor allem die Oppositionsparteien, dass das Werkzeug künftig – so wie Inserate – für politische Einflussnahmen missbraucht werden könnte. Die präzise Ausgestaltung der Richtlinien obliegt nämlich der RTR und deren Führung. Wie dort der Bestellprozess von Entscheidungsträgern abläuft, ist auf den vorderen Seiten dieses Buches beschrieben.

Inserate vom Staat:
Spielgeld für Regierende

Die weltweite Coronavirus-Pandemie war und ist mehr als eine Gesundheits- und Wirtschaftskrise. Von Anfang an beschleunigte und offenbarte sie auch andere Probleme, Zusammenhänge und Prozesse, die ohne sie wohl nicht so deutlich zu erkennen gewesen wären. Die Chefredakteure und Leitartikler verwendeten hierfür häufig die Metapher vom Brennglas. Ein Brennglas, unter dem so vieles, was bisher unter der Oberfläche schlummerte, plötzlich sichtbar wurde. Wer aufmerksam war, konnte auch Auffälligkeiten im Geflecht zwischen Politik und Medien erkennen. Es ging um die öffentliche Grundstimmung, Zahlungsströme zwischen Regierung und Verlegern – und um einen Heiligen.

Es ist der 6. Dezember 2020. Nikolaustag. Dieses Jahr fällt die vor allem bei Kindern so beliebte Tradition jedoch in eine Zeit, für die die Bundesregierung zur Verlangsamung der Weiterverbreitung des Coronavirus Ausgangsbeschränkungen verordnet hat. Eigentlich. Denn wenn es wirklich wichtig ist, entwickeln Politiker große Kreativität zur Rechtfertigung von Ausnahmen, vor allem, wenn die Gefahr besteht, dass der Souverän zornig wird. Zornige Wähler will an der Staatsspitze niemand, Regierende wollen gemocht werden. Bis zu einem gewissen Grad müssen sie das auch, so funktioniert Demokratie. Für die Verbreitung von guter Stimmung eignen sich die Kanäle der sozialen Medien besonders gut. Kaum jemand beherrscht das so wirkungsvoll wie das Team von Bundeskanzler Sebastian Kurz, das neben den Ressourcen der eigenen Partei zusätzlich über den langen Hebel großer Werbeetats aus dem Steuertopf verfügt. Um Punkt 14.47 Uhr wird dieses Team aktiv und veröffentlicht auf den Facebook- und Instagram-Profilen des Bundeskanzlers das Foto eines per Hand geschriebenen Briefes.[38] Autor ist der siebenjährige Jakob. Er schreibt:

„Lieber Sebastian, ich verstehe einfach nicht, warum der Nikolaus und der Krampus nicht zu mir kommen darf. [sic!] Die beiden leben doch gemeinsam in einem Haus. Vielleicht können Sie hier eine Ausnahme machen? Danke, Jakob. 7 Jahre."

Natürlich konnte der Bundeskanzler. Bereits zwei Wochen vorher hatte die Regierung festgehalten, dass Besuche von Nikolaus und Krampus selbstverständlich unter die Ausnahmebestimmungen zu den Ausgangsbeschränkungen fallen würden. Damit die Eltern der Kinder auch nicht vergaßen, wem sie die Ausnahme zu verdanken hatten, fügte der Regierungschef Jakobs Brief eine persönliche Erklärung hinzu:

„Das Nikolausfest ist für die Kinder in Österreich besonders wichtig. Der kleine Jakob, der mir sogar einen Brief geschrieben hat, und viele andere haben sich die Frage gestellt, ob der Nikolaus trotz Corona kommen darf. Nachdem wir für die vielen ehrenamtlichen Nikoläuse eine Ausnahme gemacht haben, hoffe ich, dass sich Kinder im ganzen Land über Geschenkssackerl freuen konnten!"

Auf den ersten Blick eine Banalität, die in der Sache nichts mit Medienpolitik zu tun hat. Tritt man als Teil des Publikums jedoch zwei Schritte zurück und betrachtet das Gesamtbild, zeigen sich doch ein paar auffällige Details.

Es brauchte nämlich keine zwei Stunden, bis die scheinbar banale Geschichte vom Kanzler und dem kleinen Jakob den Weg vom Eigenmarketing-Kanal in redaktionell betreute Medien fand. Um 16.09 Uhr ging auf der Website der nach der „Krone" reichweitenstärksten Zeitung des Landes, „Heute", die Story dazu online. Die in fetten

Lettern gehaltene Schlagzeile lautete: „Jakob (7) schreibt Kanzler Kurz einen rührenden Brief".[39]

Im Text findet man keine zusätzlichen Informationen zum ursprünglichen Beitrag. Der mit dem Autorenkürzel „dob" gezeichnete Text thematisiert auch nicht, dass zu diesem Zeitpunkt in den Kommentaren zu Kurz' Posting bereits Zweifel an der Echtheit der Geschichte aufkommen. Dafür erfährt das Publikum, wem man die Erfüllung von Jakobs Wunsch nach einer Ausnahmeregel für den Nikolaus zu verdanken habe, denn: „Offenbar stieß der Brief bei Sebastian Kurz auf offene Ohren." Und weiter: „Danke, Jakob!"

Man könnte nun sagen: Geschichten mit viel Gefühl sind genau jenes Feld, auf dem Boulevardmedien glänzen. Und in den allermeisten Fällen wird das so sein. Man könnte aber auch sehen, dass genau jene Personen, über die diese Medien in einem positiven oder unreflektierten Sinn berichten, dafür verantwortlich sind, dass die Einnahmen aus dem Verkauf von Werbeflächen sprudeln. Zwei Tage, bevor die Redaktion das Facebook-Posting von Sebastian Kurz übernahm, buchte das Bundeskanzleramt Werbung bei der Zeitung. Werbung für eine Idee, die ebenfalls von Sebastian Kurz kam, und zwar: Auf den ersten zwei Seiten im Blatt riet die Regierung der Bevölkerung dazu, an jenen Corona-Massentests teilzunehmen, die der Kanzler in den Tagen davor angeordnet hatte. „Heute" verkauft den prominenten Werbeplatz für 54.954 Euro. Das aber nur, wenn das Inserat ausschließlich beim Wiener Publikum zu sehen ist. Will die Regierung auch andere Bundesländer mit ihrer Botschaft erreichen, sind 74.273 Euro zu bezahlen. Mögliche Rabatte exklusive.

Das Phänomen, dass positive Berichte über die Regierungsspitze in auffällige Nähe zu lukrativen Werbebuchungen fielen, war im Zuge der insgesamt mehrere Millionen Euro schweren Coronavirus-Informationskampagne („Schau auf dich, schau auf mich") bei zahlreichen Presseprodukten zu beobachten. In „OE24" lobte Chefredakteur Wolfgang Fellner eine Woche vor Weihnachten den Kanzler in einem Leitartikel ausdrücklich. „Sebastian Kurz zeigt, wie man richtig regiert: Vom Krankenbett aus hat er 900.000 Impfdosen erkämpft – und dabei sichergestellt, dass bis März 450.000 Österreicher geimpft werden können." Abgesehen davon, dass Beamte des Gesundheitsministeriums bereits Tage vorher über diese Lieferung des Covid-19-Impfstoffs an Österreich berichtet hatten: Das von der Zeitung gezeichnete Drama vom Kanzler, der von Krankheit gezeichnet um die Gesundheit „seiner" Bevölkerung kämpft, wird besser verständlich, wenn man im selben Heft ein paar Seiten weiterblättert. Dort stößt man auf eine ganzseitige Einschaltung des Bundeskanzleramts – Abstand halten, Hände waschen, Maske tragen. Der Einkaufspreis der zu diesem Zeitpunkt seit vielen Monaten und von allen Massenmedien auch in redaktionellen Beiträgen immer und immer wieder verbreiteten Botschaft beträgt zwischen 21.450 und 32.460 Euro. Abhängig von Verbreitungsgebiet und Seite im Heft.

Wer nun behauptet, dass von einer Redaktion ausgesprochenes Lob unmittelbare Folge zuvor gebuchter Inserate sei, begibt sich auf den Boden der Spekulation und täte wohl den meisten Journalisten unrecht. Dennoch, die Vielzahl bemerkenswerter Umstände ist und bleibt auffällig. Auch Österreichs mit Abstand größte Zeitung, die „Krone", produzierte so einen Zufall. Und wieder machte es die Informationskampagne der Bundesregierung zur Covid-19-Pandemie sichtbar.

Es ist Herbst 2020. Zahllose Unternehmer und deren Mitarbeiter leiden unter den Schließungsverordnungen der Bundesregierung. Eine rasche Lösung ist zwar nicht in Sicht, aber zumindest eine Erleichterung. Jedenfalls versprechen das Wirtschaftsministerin Margarete Schramböck und Wirtschaftskammer-Präsident Harald Mahrer. Gemeinsam stellen sie der Öffentlichkeit eine Idee vor: das „Kaufhaus Österreich". Die gleichnamige Website soll Händlern mit Online-Shops eine zentrale Plattform bieten. 1,3 Millionen Euro hat das Projekt gekostet. Nur: Es funktioniert nicht. Wer zum Beispiel Zubehör für sein Motorrad sucht, dem wird ein Geschäft für „Wohnaccessoires, Geschenkideen und Weihnachtsdeko" empfohlen. In Fernsehen, Radio und sozialen Medien machen sich Kritiker über das Projekt lustig, das ursprünglich dabei helfen sollte, zumindest einen Teil der Kundschaft nicht an Online-Handelsriesen wie Amazon zu verlieren, sondern zu heimischen Händlern umzuleiten.

Die „Krone" jedoch stellt sich hinter das Projekt und veröffentlicht auf der Titelseite die Schlagzeile: „Österreich trotzt Online-Riesen!"

Im Inneren der Zeitung erklären Schramböck und Mahrer die Vorzüge ihrer Idee. Zwei Tage vorher hatte die Bundesregierung in der „Krone" die teuerste Werbefläche des Landes, die ganze Seite 1, gekauft. Und auch dieses Mal die immer gleiche Botschaft verbreitet: „Schau auf dich, schau auf mich." Im Februar 2021 wird das „Kaufhaus Österreich" schließlich eingestellt.

Das sind Werbeaufträge, die zumindest theoretisch dazu geeignet sein könnten, die Berichterstattung von Zeitungen zu beeinflussen. So ist es in einem Bericht der Europäischen Kommission über den Zustand der Medien in Österreich zu lesen. In diesem 2020 erschienenen und „Rechtsstaatlichkeitsbericht" genannten Papier steht ebenso, dass Österreich den Medienunternehmen „ein hohes Maß an staatlichen Werbeaufträgen" zuweist.[40] Daten dazu blieb die Kommission jedoch schuldig.

Welche Bedeutung der Einkauf von Werbeflächen durch öffentliche Stellen für die Presse hierzulande inzwischen hat, lässt sich am besten über einen Vergleich mit anderen Ländern darstellen. Zum Beispiel mit Deutschland. Dort zeigen Publikum, Politik und die etablierten Medien selbst ein hohes Maß an Sensibilität für die Bedeutung von Freiheit und Unabhängigkeit der Presse. Dementsprechend kritisch führen alle Beteiligten die öffentliche Diskussion dazu. Im Abschnitt über die Presseförderung wurde das in diesem Buch bereits dargelegt, für die Schaltung öffentlicher Inserate gilt das Gleiche.

Die Bundesregierung in Berlin führt genau Buch über die Ausgaben für Werbeschaltungen in Medien. All diese Informationen laufen direkt im Regierungsviertel zusammen. Zwischen Spreeufer und Dorotheenstraße steht ganz in der Nähe von Bundestag und Brandenburger Tor das Presse- und Informationsamt der Bundesregierung. Hier finden nicht nur wichtige Pressekonferenzen statt, von hier aus steuert unser Nachbarland seine politische Kommunikation. Wenn politische Gegner im Bundestag etwas über das Verhältnis zwischen Staat und Medien erfahren wollen, sind es meistens die Mitarbeiter von Steffen Seibert, die für die Bundeskanzlerin oder diesen und jenen Minister die Antworten aufbereiten. Seibert, ein ehemaliger TV-Journalist, leitet das Amt seit 2010 im Rang eines Staatssekretärs. Die ganze Organisation hat etwa 500 Mitarbeiter.

Im Sommer 2020 wollte die Fraktion der oppositionellen AFD von Kanzlerin Angela Merkel (CDU) wissen, wie nah sich in Deutschland Bundesregierung und Medien stünden und welche Summen der Staat in Form von Werbeschaltungen an die vierte Gewalt im Staat überweise.

Auch in Österreich gibt es solche Anfragen der Opposition. Beantwortet werden diese jedoch nicht zentral und für alle Ministerien, sondern stets stückweise. Häufig verweisen Ressortchefs und Bundeskanzler auch darauf, dass die Daten, welches Haus für wie viel in welchen Medien werbe, ohnedies in der Medientransparenzdatenbank veröffentlicht würden. Wohl wissend, dass diese Zahlen mangels Struktur kaum auswertbar sind. Die Zeit, die österreichische Abgeordnete auf solche Scheinantworten warten, beträgt zwei Monate. Dies übrigens deshalb, weil der vorgegebene Zeitrahmen von den Befragten immer vollständig ausgeschöpft wird.

Die harten Merkel-Kritiker der rechtspopulistischen AFD hingegen erhielten im Sommer 2020 rasch und präzise Auskunft. Genau einen Monat brauchte das Bundespresseamt, um der Bundesregierung die nötigen Informationen zur Verfügung zu stellen. Diese übermittelte dem Bundestag und der AFD schließlich Daten von Jänner 2013 bis 30. Juni 2020. Präzise sortiert nach Ausgabenhöhe, Sektor (Print, TV, Internet etc.) und Inhalt der einzelnen Kampagnen. In Österreich wäre das gar nicht möglich. Hierzulande werden entsprechende Unterlagen mit der Begründung „Datenschutz" nach zwei Jahren gelöscht.

Die deutschen Zahlen zeigen deutlich, was die Europäische Kommission meint, wenn sie in ihrem Rechtsstaatlichkeitsbericht feststellt, dass in Österreich insbesondere Printmedien ein hohes Maß an Werbeaufträgen vom Staat bekommen. Wer Kennzahlen wie Einwohnerzahl, Bruttoinlandsprodukt und mehr zwischen diesen beiden Ländern vergleicht, arbeitet aufgrund des Größenunterschieds meistens mit einem Umrechnungsfaktor zwischen 9 und 10. Das Erstaunliche: Die Regierung in Wien gab seit 2013 für Print-Werbung annähernd gleich viel Geld aus wie die Staatsspitze des 83-Millionen-Einwohner-Landes Deutschland *(siehe Tabelle)*.

	Deutsche Bundesregierung	Österreichische Bundesregierung
2013	7.907.109,66	15.419.011,42
2014	7.752.830,69	12.496.427,41
2015	22.030.029,59	10.443.661,02
2016	20.959.049,04	12.981.548,21
2017	19.306.717,66	15.874.655,00
2018	10.087.219,59	19.061.250,00
2019	18.043.268,96	15.067.902,00
2020 (Q1–Q2)	23.735.391,12	15.846.336,00
Summe (2013–2020)	129.821.616,30	117.190.791,10

Ausgaben für Werbung in Printmedien, Summe in Euro (Quelle: Presse- und Informationsamt der deutschen Bundesregierung, KommAustria/RTR, FH Joanneum)

Dabei stellen die Werbeausgaben der österreichischen Ministerien nur einen vergleichsweise kleinen Ausschnitt der Gesamtheit aller Buchungen dar, die von politisch gesteuerten oder zumindest politisch beeinflussbaren Behörden, Körperschaften und Unternehmen getätigt werden. Rechnet man die Inseratenschaltungen von Ländern und Gemeinenden, von Abfallwirtschaftsverbänden bis hin zu Staatskonzernen wie den ÖBB hinzu, kommt man jährlich auf Summen in der Größenordnung zwischen 160 und 222 Millionen Euro.

Wie dieses Geld seinen Weg in Österreichs Presse findet, welche Interessen dabei mitspielen und was es schließlich bewirkt, davon erzählen die folgenden Kapitel.

Wer inseriert wo? Versteckspiel statt Transparenz

Einheimischen und Anrainern muss man den Prunkbau nicht erklären. Gäste aus den Bundesländern kennen die Adressen Himmelpfortgasse 8 und Johannesgasse 5 in der Wiener Innenstadt meistens aus eher unangenehmen Behördenschreiben: Im historischen Gebäudekomplex zwischen den beiden Eingängen sind bis heute Teile des Finanzministeriums untergebracht.

Ein Teil des Ensembles, nämlich jener in der Himmelpfortgasse, wurde von den berühmten Architekten Johann Bernhard Fischer von Erlach und Johann Lukas von Hildebrandt geplant. In der Öffentlichkeit bekannt ist es als das Winterpalais des in der österreichischen Geschichte nicht weniger prominenten Feldherrn Prinz Eugen von Savoyen. Keinen Feldzug, sondern einen Koalitionspakt haben hier im Winter 2019 die Teams von ÖVP und Grünen ausverhandelt. Die letzte Runde fand am Neujahrstag 2020 in den Prunkräumen des Gebäudes statt. Sebastian Kurz, wenig später vom Bundespräsidenten zum zweiten Mal zum Kanzler ernannt, bezeichnete den 319 Seiten starken Arbeitsplan als keinen „Minimalkompromiss, sondern das Beste aus beiden Welten". Die neue Koalition stehe für eine neue Form des Regierens. Nach der jäh und mit dem „Ibiza"-Skandal beendeten Zusammenarbeit mit der FPÖ sollte fortan ein frischer Wind wehen. Und vor allem: ein für die Bürger transparenter.

Transparenz ist auch eines jener Wörter, die man besonders häufig im Erstlingswerk der beiden Parteien findet. Auf nicht weniger als 36 Seiten geloben Kurz, Grünen-Chef Werner Kogler und ihre jeweiligen Verhandlungsteams, den Souverän und Steuerzahler in Zukunft angemessen über möglichst alle Vorgänge innerhalb der Blackbox Staat zu informieren.

Wobei: Der Bundeskanzler hat in der Zwischenzeit und zumindest in Bezug auf die Vergabe öffentlicher Werbeaufträge (Inserate) an Medien festgestellt, dass sich jeder Interessierte – Zitat – „umfassend" selbst ein Bild machen könne, welches Ministerium welche Zeitung besonders häufig mit Schaltungen beauftrage. Etwas weniger als ein Jahr nach Beginn seiner zweiten Amtsperiode erklärte Kurz dem Parlament, dass alle öffentlichen Stellen, von der Kleinstgemeinde bis zu seinem Haus, dem Kanzleramt, entsprechende Daten regelmäßig veröffentlichen. Und damit „gezielte Recherchen" für alle Interessierten ermöglichen. Grundlage dafür ist ein Wortungetüm namens Medienkooperations- und -förderungs-Transparenzgesetz. Dieses verpflichtet sogenannte öffentliche Rechtsträger dazu, Werbeschaltungen in Medien zu dokumentieren, der Medienbehörde KommAustria und ihrem Hilfsapparat, der RTR, zu melden und letztendlich auch zu veröffentlichen. Sebastian Kurz vertrat gegenüber dem Parlament die Meinung, dass dies durchaus auch in praktikabler

Form geschehe. Die Daten stünden auf der Website der KommAustria zum kostenlosen Download bereit, seien durchsuch- und sortierbar.[41]

Alles, worüber Kurz das Parlament informierte, stimmt. Und trotzdem geht seine Darstellung weit an der Realität vorbei. Denn tatsächlich ist es so: Die nach Ansicht der Bundesregierung „umfassende" Information für die Bürger weist große Lücken auf, ist für Menschen ohne Programmierkenntnisse nicht zu lesen und wird alle zwei Jahre von Amts wegen gelöscht.

Im echten Leben sieht das dann so aus: Erfinden wir zunächst eine fiktive Person. Im angloamerikanischen Sprachraum würde sie John oder Jane Doe heißen. Für Ansichtsfotos österreichischer Personaldokumente hat sich die Republik dafür den Namen „Maria Musterfrau" einfallen lassen. Nehmen wir also an, Maria interessiert sich für das Verhältnis zwischen Staat und Medien. Ihr ist aufgefallen, dass Tageszeitung X in der Diskussion über die Abschiebepraxis bei abgelehnten Asylwerbern regelmäßig die Position des amtierenden Innenministers vertritt, Wochenzeitung Y, die sie auch schätzt, jedoch nicht. Im Gegenteil. Im Laufe der vergangenen Wochen ist Maria Musterfrau aufgefallen, dass die Polizei in Zeitung X regelmäßig um Personal wirbt und das Innenministerium die Vorzüge des neuen Reisepasses bewirbt. In der Wochenzeitung, die den Innenminister deutlich kritischer beurteilt, nicht. Sie fragt sich: Gibt es da einen Zusammenhang? Und beginnt, sich ein eigenes Bild zu machen. In einem Blog im Internet hat sie nämlich gelesen, dass der Staat Zahlungsflüsse aus Förderungen, insbesondere aber auch Werbeaufträge bei Medien transparent macht. Nur wo?

Da erinnert sie sich an ein anderes, wohl ebenfalls von der Bundesregierung geschaltetes Inserat: Die Website oesterreich.gv.at wurde da als „Zentrale Bürgerplattform" dargestellt. Los geht's. Auf der Startseite begrüßt sie die Wirtschaftsministerin in einem Video. Sie erzählt davon, dass Österreich mit der Plattform „Vorreiter in Europa" sei und das Land damit zu den „besten Digitalnationen Europas" zählen wolle. Nur zu Werbeschaltungen der Regierung findet Maria nichts. Dann, im Laufe der Suche, taucht in den Untermenüs der Website ein vielversprechender Link auf: transparenzportal.gv.at. Das klingt gut. Und endet in einer Sackgasse. Maria Musterfrau findet Informationen dazu, wie sie, falls sie Verlegerin wäre, um Presseförderung ansuchen könnte. Mehr aber auch nicht. Also verlässt sie das Angebot der Bundesregierung und befragt die Suchmaschine Google. „Das hätte ich von Anfang an tun sollen", ärgert sie sich still, nachdem sie „Medientransparenz" in die Suchmaske eingegeben hat. Gleich an erster Stelle stößt sie auf einen Link, der sie auf die Website rtr.at verweist. RTR? Den Namen hat sie noch nie gehört, aber der Inhalt der Site stimmt sie zuversichtlich: Hier ist sie richtig. Sie klickt auf „Veröffentlichungen".

Da folgt die nächste Enttäuschung. Die versprochenen Listen, welche öffentliche Stelle wo geworben hat, sind veraltet. Zwar stehen diese quartalsweise zur Verfügung, gehen offenbar aber jeweils erst am Ende des Folgequartals online. Im schlimmsten Fall sind die Daten also fast ein halbes Jahr alt, wenn sie der Öffentlichkeit schließlich zur Verfügung stehen. Für ihr Anliegen, nämlich Informationen zum aktuellen Geldfluss zwischen dem Innenministerium, Tageszeitung X und Wochenzeitung Y, sind die Informationen nutzlos.

„Na gut", murmelt sie. „Wenn ich schon mal hier bin, kann ich auch einfach so einmal in den Daten stöbern und mir die Werbeaufträge des Innenministeriums ansehen." Also öffnet sie die angebotene PDF-Datei für die Zahlen des vorangegangenen Quartals. Musterfrau ist erstaunt. Die Datei hat 351 Seiten. Und unzählige Einträge. Viele sind offenbar Leermeldungen, andere nicht. Ihr ist das zu viel, sie versucht deshalb einen anderen Weg. Andernorts auf der Website ist ihr ein Link auf eine Open-Data-Schnittstelle aufgefallen. Klingt nach transparentem Staat. Also los.

Der Browser leitet sie auf eine Filtermaske um. Nach Durchsicht der Anleitung wird ihr klar: Zuerst ist die entsprechende Vorauswahl zu treffen, anschließend kann sie die gewünschten Informationen zum Beispiel als Datei für die Tabellenkalkulation Excel herunterladen. Nur was bedeuten die Suchmasken? Rechtsträger? Sie wählt „Bundesministerium für Inneres". Und dann? Unter dem Filter „Bekanntgabe" kann sie zwischen „2", „4" und „31" wählen. Was soll das sein? Der Filter „Medium_Inhaber" scheint klar. Das Problem: Bei Tageszeitung X muss sie sich für eine von vier unterschiedlichen Schreibweisen entscheiden. Bei Wochenzeitung Y nur für eine von zwei. Damit nichts verloren geht, entscheidet sich Maria Musterfrau dafür, es ohne Filter zu versuchen. Sie lädt die gesamte Datei herunter, öffnet sie und erinnert sich an die 351-seitige PDF-Datei von vorhin: Die Tabelle, die sich nun vor ihr auf dem Bildschirm ausbreitet, scheint unendlich lang. Sie scrollt nach unten, die Zahlenkolonnen nehmen kein Ende. Schließlich erreicht der Mauszeiger den Schluss des Datensatzes: Maria Musterfrau zählt 12.656 Zeilen. Wer soll das verstehen?

Aus reiner Neugier entsteht schließlich der Gedanke, dass es wohl lustig wäre, zu erfahren, wie viele Zeilen Österreichs Verwaltung seit Beginn der Veröffentlichungspflicht im Jahr 2012 zur Bekanntgabe von Werbeaufträgen inzwischen produziert hat. Die 12.656 Zeilen am Schirm bilden nämlich gerade einmal das vorangegangene Quartal ab. Also sucht sie weiter. Und scheitert erneut: Die ältesten abrufbaren Daten auf der Website der RTR, die, das hat sie inzwischen gelesen, zur Kommunikationsbehörde gehört, sind zwei Jahre alt. Offenbar werden weiter zurückliegende konsequent gelöscht. Maria Musterfrau gibt endgültig auf.

Der Verdacht liegt nahe, dass all das so gewollt ist. Was Kommunikationsbehörde und RTR der Bevölkerung zugänglich machen, entspricht nämlich genau dem, was die Bundesregierung im Jahr 2011 ins Gesetz geschrieben hat: in das Medientransparenzgesetz. Um zu verstehen, warum es ist, wie es ist, lohnt sich ein Blick auf die Entstehungsgeschichte des Gesetzes.

Es ist das Jahr 2010. Der Sozialdemokrat Werner Faymann ist seit 2008 Bundeskanzler. Stellvertreter und Finanzminister ist Josef Pröll (ÖVP). Am 10. Oktober steht ein wichtiger Wahltermin im Kalender: Wien wählt. Im Wiener Rathaus kämpft nicht nur Bürgermeister Michael Häupl gegen den mit aller Macht anstürmenden Heinz-Christian Strache (FPÖ), sondern gegen den Verlust der absoluten Mandatsmehrheit im Gemeinderat. Eine Materialschlacht, die auch für Faymann, der in der Wiener Landesregierung groß wurde, von Bedeutung ist. Eine Niederlage der stärksten Landespartei würde ebenso am Image des Bundesparteichefs kratzen. Was also tun?

Es sind die Oppositionsparteien und sich benachteiligt fühlende Verleger, die als Erstes darauf aufmerksam werden: In Wien, insbesondere in den Wiener Boulevardzeitungen „Heute", „Österreich" und der regionalen Ausgabe der „Krone", beginnen sich im Laufe des Jahres die Werbeschaltungen der Bundesregierung und staatlicher Unternehmen zu häufen. Stets versehen mit einem Foto des verantwortlichen Ministers, meistens Sozialdemokraten. Das Publikum soll wissen, wer da für die Bevölkerung arbeitet.

Dabei entstehen Inserate, die heute aufgrund des Medientransparenzgesetzes eigentlich verboten wären. In „Heute" zum Beispiel: Die Schaltung ist eine Viertelseite groß. Überschrift: „Mit der richtigen Ernährung: So wird Ihr Baby zum Super-Sprössling". Daneben ein Foto des damaligen Gesundheitsministers Alois Stöger, der Babynahrung in den Händen hält. Später stellt sich auf Nachfrage der Freiheitlichen im Parlament heraus, dass das Gesundheitsministerium dafür 18.900 Euro aus seinem Budget an den Verlag überwiesen hat.

„Heute" (12.04.2012. S. 11)

Die Kritiker innerhalb der Verlagsszene stört damals weniger der Sinn solcher Inserate, sondern andere Dinge. Etwa der Umstand, dass sie fürs Publikum fast nicht von redaktionellen Beiträgen zu unterscheiden sind. Und dass sie – siehe oben – auffällig oft in den Wiener Boulevardzeitungen erscheinen. Der Verband Österreichischer Zeitungen (vöz) wird aktiv. „Heute" und „Österreich" sind keine Mitglieder des vöz, die „Krone" schon. Innerhalb des Vereins steht sie in dieser Sache gegen elf andere Tageszeitungen. Wochenzeitungen und Magazine, auch davon vertritt der vöz viele, werden traditionell nur mit geringen Zahlungen aus den Werbebudgets der Regierung bedacht.

So kommt es, dass VÖZ-Präsident Hans Gasser, damals Geschäftsführer des (2016 von der Styria eingestellten) „Wirtschaftsblatts", mit allen Parteichefs Vieraugengespräche führt, weil er „Inserate in noch nie da gewesenem Umfang" wahrgenommen hat, die „vor allem sehr gezielt platziert wurden", wie er der ebenfalls bei den Schaltungen benachteiligten Konzerntochter des „Wirtschaftsblatts", der „Presse", erzählt.[42] Anfänglich soll Gasser vor allem beim wichtigsten Entscheider, nämlich bei SPÖ-Parteichef und Bundeskanzler Werner Faymann, auf Widerstand gestoßen sein. Zahlungsflüsse öffentlicher Stellen transparent machen? Kein Bedarf! Auch die Oppositionsparteien, FPÖ, BZÖ und Grüne, schäumen. Und dann, im Dezember 2010, die Wende. Die Wien-Wahl ist geschlagen, und plötzlich ist auch Werner Faymann für mehr Transparenz. Wenn nur die Bundesländer auch mitziehen.

Schließlich versucht es die Bundesregierung so: Das Bundeskanzleramt arbeitet einen Gesetzentwurf für das Medientransparenzgesetz aus, der als Regierungsvorlage im Juni 2011 in den Nationalrat kommt. Das Vorhaben wird von lautstarken gegenseitigen Anschuldigungen der Parteien, medialer Berichterstattung und sogar Ermittlungen der Staatsanwaltschaft begleitet. Nach dem Ende der Sommerferien wird nämlich bekannt, dass der ehemalige Vorstand der ÖBB, Martin Huber, Werner Faymann und seinen Medien-Staatssekretär, Josef Ostermayer, in einer polizeilichen Einvernahme schwer belastet hat. Huber soll demnach unter Wahrheitspflicht ausgesagt haben, dass Ostermayer von ihm „sieben Millionen für den Werner" gefordert hat.[43] Gemeint ist damit Werbegeld, mit dem Faymann, zum Zeitpunkt des behaupteten Gesprächs noch Verkehrsminister, positiv hätte dargestellt werden sollen. Huber lehnte ab. Faymann und Ostermayer dementieren die Vorwürfe, die Verfahren werden eingestellt. Beide wollen sich heute nicht mehr zu ihrer Verantwortung im Rahmen der Schaltung von Regierungsinseraten äußern.

Dennoch werden während der Gesetzwerdungsphase weitere, zum Teil absurde Formen von Regierungsinseraten bekannt. Und geschaltet. Ganzseitig. „Regierung Faymann stoppt die Zwei-Klassen-Medizin", lautet eine der Überschriften dieser Inserate, dazu ein Foto des Bundeskanzlers und eines des Gesundheitsministers. In einem anderen, einmal mehr eine Kampagne von Gesundheitsminister

Stöger, spricht dieser – mit Foto – über die gesundheitlichen Vorzüge von Kürbissuppe. Zitat: „Herbstzeit ist in meiner Küche Kürbiszeit." Und weiter: „Der Kürbis enthält viele Vitamine, belastet nicht und hat gerade bei uns Saison." Alles bezahlt mit Steuergeld.

Ein halbes Jahr verhandelt die Bundesregierung angesichts solcher Absurditäten mit der Opposition. Dies deshalb, weil das Gesetz, soll es auch für die Länder gelten, mit Zweidrittelmehrheit beschlossen werden muss. Ende Dezember 2011 ist es so weit: BZÖ und Grüne stimmen dem Regierungsplan zu, unter anderem, weil fortan alle öffentlichen Rechtsträger nicht nur quartalsweise melden müssen, welchem Medium sie wie viel für Werbeschaltungen überweisen, und die Abbildung von Politikern künftig verboten ist. Das sogenannte „Kopfverbot" ist geboren. Seit dem zweiten Halbjahr 2012 wird also gemeldet. Der Faymann-Vertraute Josef Ostermayer – er gilt mit dem Ex-Bundeskanzler gewissermaßen als der Erfinder von Regierungsinseraten im heutigen Ausmaß – bezeichnet das Medientransparenzgesetz damals als „vorbildhaft in Europa".[44]

Dabei ist nicht nur das Ergebnis des Gesetzes, die Medientransparenzdatenbank, für das Publikum unbrauchbar. Im Kleingedruckten, dem Beipacktext zum Gesetz, kann man nämlich nachlesen, mit welchen Absichten das Bundeskanzleramt damals an die Sache herangegangen ist. Solche Dokumente, die den Abgeordneten im Parlament ein Gesetzesvorhaben der Regierung erklären sollen, tragen meistens den Titel „Vorblatt" oder „Erläuterungen". Werner Faymann und sein Medien-Staatssekretär Josef Ostermayer übermitteln dem Parlament damals ein Beiblatt, in dem zur Veröffentlichung der Transparenzdaten im Kleingedruckten Folgendes steht:

„Vorgesehen ist auch, dass die Daten nach Ablauf von 2 Jahren ab ihrer Veröffentlichung gelöscht werden, weil nach dieser Zeit auch kein spezifisches Interesse zu erkennen ist, das eine weitere Veröffentlichung rechtfertigt."[45] Oder in anderen Worten: Die Regierung geht davon aus, dass der Steuerzahler kein Recht darauf hat, zu erfahren, wie sich die Werbekampagnen und Zahlungsflüsse der Ministerien im Laufe der Zeit verändern, welche Medien in der Gunst der Politik steigen oder fallen. Und sie tut das bis heute. Die entsprechende Passage wurde nämlich nie geändert.

Wie ist es dann für das vorliegende Buch überhaupt gelungen, gesamtheitliche Auswertungen über längere oder vordefinierte Zeiträume oder gerasterte Zahlungsflüsse von Ministerium A zu Zeitung (oder Unternehmensgruppe) B darzustellen?

Der einzige Grund dafür hat einen Namen: Peter Salhofer. Er ist der Mann, der dem bemerkenswerten Wechselspiel der Politik zwischen scheinbarer Transparenz und faktischer Undurchsichtigkeit mit den Mitteln der Technik seit einigen Jahren entgegentritt. Salhofer ist Informatiker und hat Auge und Verständnis für unendliche Zahlenkolonnen. Er ist in der Lage, Software zu programmieren, die den unzugänglichen Haufen an Information, den die Regierung Medientransparenzdatenbank nennt, ordnet. Mit seiner Idee, der Website medien-transparenz.at, brachte er das unverständliche Zahlenkauderwelsch gewissermaßen zum Sprechen. Wenn man sich ein klein wenig mit dieser Sprache beschäftigt, sie lernt, eröffnen sich plötzlich spannende Geschichten und Zusammenhänge, die einem sonst auf ewig verborgen geblieben wären.

Es hat eine gewisse Symbolkraft, dass Salhofer seinen Aktivitäten von weit außerhalb der politmedialen Blase Wiens nachgeht. Sein Büro befindet sich ganz in der Nähe des Hauptbahnhofs von Graz, in der Eckertstraße 30i, Raum 101: Er ist Professor an der FH Joanneum.

Dabei täte man Salhofer unrecht, würde man ihn nur als kühlen Rechner und Computerfreak einordnen. Als nämlich die Republik Mitte 2012 damit begann, erstmals einen Teil ihrer Werbeausgaben aufzuschreiben und in eine öffentlich zugängliche Datenbank zu berichten, meldete sich eine idealistische Stimme in ihm. Heute sagt er dazu: „Ich empfinde es als eine Art staatsbürgerliche Pflicht, dazu beizutragen, dass Bürger und andere Interessierte die Daten der Regierung auch verstehen können."

Dabei entstehen gute Ideen oftmals eher zufällig. Auch Hochschullehrer erreichen manchmal erst dann ihre Bestform, wenn sie sich zu einem Thema intensiv mit ihren Studenten austauschen. Bei Peter Salhofer war es jedenfalls so. Als überzeugter Anhänger der Open-Data-Bewegung arbeitet er schon seit langer Zeit mit frei verfügbaren Datensätzen, die den Staat transparenter, durchschaubarer, verständlicher machen sollen. Die Auswertung solcher Datensätze ließ er in der Vergangenheit immer wieder in die Programmierübungen mit seinen Studenten einfließen. „Die Medientransparenzdaten waren für mich deshalb spannend, weil ich mit ihnen versuchen konnte, den Programmiernachwuchs auch für politische Themen zu interessieren." Seine Idee ging auf.

Tatsächlich fand sich bald schon eine Gruppe von Studenten, die sich näher mit dem Thema und seiner Relevanz für die Öffentlichkeit auseinandersetzte. Gemeinsam fuhr man die Computer hoch und programmierte einen Prototyp. Schließlich fasste die Truppe den Plan, das eigene Projekt bei „Netidee", einem Förderprogramm der österreichischen Internet-Provider, vorzustellen. Mit Erfolg. Das war im Jahr 2015.

Seit damals ist medien-transparenz.at online und für alle daran Interessierten frei zugänglich.

Um die Plattform bedienen zu können, ist etwas Zeit für die Einarbeitung nötig. Dann aber eröffnet sie einem Einblicke in das Verhältnis zwischen Staat und Medien, die dem Publikum bisher beide Beteiligte nicht gewährten. Zumindest in dieser Tiefe nicht. Plötzlich werden Abfragen möglich, wer wem und wann wie viel Geld überwiesen hat. Wer etwas tiefer eintauchen möchte, kann sich selbst Gruppenabfragen bauen, also zum Beispiel mehrere Ministerien zusammenfassen und nachvollziehen, wie viel Werbung diese über einen bestimmten Zeitraum bei einem Medienhaus geschaltet haben, das gleich mit mehreren Titeln am Markt auftritt. Es ist das Verdienst Salhofers und seiner Studenten, dass man unter anderem folgende Geldflüsse überhaupt nachvollziehen kann:

Der steirische Medienkonzern Styria lukrierte mit seinen Titeln (Zeitungen, Gratismedien, Radios, Internetdienste) von Juli 2012 bis Juni 2021 eine Summe von 170,5 Millionen Euro aus der Schaltung von Inseraten öffentlicher Rechtsträger. 26,9 Millionen Euro davon schalteten allein die Ministerien der Bundesregierung. Auf das Rückgrat des Konzerns, den Zeitungsriesen „Kleine Zeitung" (circa 780.000 Leser), entfielen aus der Gesamtsumme jedoch „nur" 51 Millionen Euro. Die deutlich kleinere und umsatzschwächere „Presse" hingegen (317.000 Leser) erscheint relativ betrachtet erheblich erfolgreicher bei (oder abhängiger von) Inseraten der öffentlichen Hand zu sein: Sie erhielt im gleichen Zeitraum mit 48,2 Millionen Euro nämlich fast genauso viel.

Mithilfe von Salhofers Werkzeug lässt sich aber auch den Zeitungsvorlieben einzelner Politiker nachspüren. So hatte der ehemalige freiheitliche Verkehrsminister Norbert Hofer während seiner Amtszeit ein besonderes Faible für die Wiener Gratiszeitungen „Heute" und „OE24"/„Österreich". Während seiner kurzen Amtszeit schaltete er dort Inserate im Wert von 533.000 und 478.000 Euro. Für die „Krone", die mit 2 Millionen Lesern erheblich größer ist als die beiden zusammen, blieben gerade einmal 335.000 Euro übrig. Überproportional viel inserierte Hofer auch in der „Presse", nämlich für 239.000 Euro. Auf Hofers Abstellgleis stand offenbar „Der Standard". Für das links-liberale Blatt sind in Salhofers Datenbank 0 Euro an Inseraten dokumentiert.

Bei all den Möglichkeiten, die das Projekt medien-transparenz.at bietet, ist Salhofer selbst ein wenig überrascht darüber, dass die Website öffentlich bisher kaum bekannt ist und ihre Werkzeuge weitgehend brachliegen. Eine Zeit lang ließ er auf dem Server einen sogenannten Logger mitlaufen. Dadurch erfuhr er, dass es sich bei seinen Nutzern um eine kleine und elitäre Gruppe handelt. Vor allem scheint ihn zu freuen, dass das Angebot auch von Computern aufgerufen wurde, die in mehreren Ministerien stehen. Die Kommunikationsbehörde scheint selbst froh darüber zu sein, dass der unlesbare Inserate-Datensatz, zu dessen Veröffentlichung sie das Gesetz verpflichtet, wenigstens von einem Dritten in eine lesbare Form gebracht wird: Schwer zu finden, aber doch, hat die KommAustria auf ihrer Website nämlich einen Link auf Salhofers Angebot platziert.

Die Qualität der Daten in der Datenbank beurteilt Salhofer als gut. Kopfzerbrechen bereiten ihm aber die Unstimmigkeiten bei jenen Informationen, die er von der Behörde selbst bekommt. Da kann es schon vorkommen, dass ein und dieselbe Zeitung gleich in drei oder vier unterschiedlichen Schreibweisen ins System läuft. Mit Absicht? Bemerkenswert ist auch, dass im 3. Quartal des Jahres 2019 ein Ministerium Inserate meldete, das es zu diesem Zeitpunkt noch gar nicht gab, nämlich das Ministerium für Klimaschutz, vormals Verkehrsministerium.

medien-transparenz.at ist für Interessierte und Forscher jedoch noch aus einem anderen Grund interessant. Die Republik hat sich selbst gesetzlich dazu verpflichtet, Daten über Inseratenschaltungen nach spätestens zwei Jahren zu löschen. Salhofers Archiv ist deshalb der einzige Ort im Internet, wo diese Daten seit Beginn der Aufzeichnungen frei verfügbar sind.

Allerdings hat auch dieses Archiv große Lücken. Unverschuldet. Es gibt nämlich eine bedeutende Anzahl von Werbeschaltungen, die von der Meldepflicht ausgenommen sind. Erstens: sogenannte Bagatellbeträge. Macht der Wert der Buchung weniger als 5.000 Euro im Quartal aus, entfällt die Pflicht zur Offenlegung. Zweitens: Bucht zum Beispiel das Kanzleramt ein Inserat in einem Medium, das nicht periodisch erscheint, muss das nicht bekanntgegeben werden. Bei gedruckten Titeln liegt die Grenze dafür bei drei Ausgaben im Jahr.

Das Problem bei nicht meldepflichtigen Ausgaben: Ihre Höhe bleibt meistens im Dunkeln. Betroffene Behörden und Regierungsstellen zeigen auch kein Interesse daran, nicht meldepflichtige Beträge bekanntzugeben. Besonders aufgefallen im aktiven Tarnen und Täuschen ist in der Vergangenheit mehrfach Wien. Abhängig von der politischen Großwetterlage inseriert die Hauptstadt jährlich zwischen 15 und 30 Millionen Euro in Medien aller Art, vorzugsweise in Zeitungen. Vereinzelt übertraf das Rathaus damit sogar die Werbeausgaben der gesamten Bundesregierung und arbeitet in manchen Details offenbar bewusst daran, dass ein unbestimmter Teil gar nicht in der Dokumentation aufscheint. Eine Praxis, die die Kollegen der Web-Plattform „Dossier" aufdeckten.

Die beiden Journalistinnen Eja Kapeller und Rosanna Atzara veröffentlichten dazu interne Aktenläufe aus dem Rathaus. Darunter befanden sich Angebote von Verlagen, in sechsmal im Jahr erscheinenden Heften zu inserieren. Die zuständigen Mitarbeiter im Presse- und Informationsdienst (PID) der Stadt wollten dort tatsächlich werben, merkten in den Papieren jedoch an, dass die Hefte nur dreimal im Jahr erscheinen sollten. So geschah es dann auch. Wie in zwei weiteren dokumentierten Fällen. Der PID nahm die Vorwürfe eher gelassen zur Kenntnis und stellte – wahrheitsgetreu – fest, dass sich die ganze Abteilung „nach den Vorgaben des Medientransparenzgesetzes richtet".

Über die Höhe der Werbeausgaben in, laut Definition, nicht periodisch erscheinenden Medien kann nur spekuliert werden. Gleiches gilt für Kleinaufträge im Wert von weniger als 5.000 Euro pro Quartal. Wer fragt, wird abgewiesen. Das gilt für Medien und gewählte Mandatare. Die Rechercheplattform „Addendum" klagte das Recht auf Auskunft sogar bei Gericht ein. Und bekam in erster Instanz recht. Doch der Beklagte – die Stadt Wien – ging in Berufung und das Verfahren damit in die nächste Instanz. Im Herbst 2020 stellte „Addendum" seinen Betrieb ein. Wien kann sein Anzeigengeheimnis weiterhin wahren.

Wie entschlossen das Rathaus bei der Verschleierung kleiner und/oder unregelmäßiger Werbezahlungen agiert, musste vor „Addendum" auch der freiheitliche Gemeinderatsabgeordnete Dietbert Kowarik erfahren. Er wollte die Stadtregierung mit dem Instrument einer schriftlichen Anfrage dazu zwingen, einem gewählten Volksvertreter in Sachen Inseratenvergabe im Dunkelfeld Rede und Antwort zu stehen. Die abschlägige Antwort erscheint mit etwas Vorwissen zum Thema fast schon frech: Kowariks Frage könne allein schon deshalb nicht beantwortet werden, weil die Zahl der betroffenen Fälle derart hoch sei, dass der Aufwand für Erhebungen wirtschaftlich nicht vertretbar sei. Oder im Originalzitat:

„In Anbetracht der großen Anzahl an Einzelprojekten und des damit verbundenen administrativen Aufwandes, erscheint eine Erhebung nahezu unmöglich – wirtschaftlich jedenfalls nicht gerechtfertigt."[46]

Es sei denn, man hat noch weitreichendere Möglichkeiten als Abgeordnete oder als vom Anzeigenmarkt unabhängige Medien. Denn dann wird es für öffentliche Rechtsträger schwer, zu schweigen. Eine solche Einrichtung, an der keine Körperschaft vorbeikommt, ist der Rechnungshof. Seit Inkrafttreten des Medientransparenzgesetzes im zweiten Halbjahr 2012 haben die Kontrollore aus dem markanten Bürokomplex in der Wiener Dampfschiffstraße 2 diesbezüglich mehrere Dienststellen in ganz Österreich besucht, darunter das Land Tirol, die Bundesimmobiliengesellschaft, die Unfallversicherungsanstalt AUVA und die MuseumsQuartier Errichtungs- und BetriebsgesmbH. Alles Behörden und Einrichtungen, die in vielen Medien zahlungskräftig inserieren, also sogenannte Medienkooperationen abschließen. Bei der Durchsicht der Bücher stellten die Mitarbeiter des Rechnungshofes fest, dass vor allem die sogenannten Bagatellbeträge in Summe gar keine Bagatelle sind. Frei nach dem Sprichwort: Kleinvieh macht auch Mist.

Bei der Gesellschaft zum Betrieb des Wiener MuseumsQuartiers zum Beispiel, sie gehört Bund und Wien gemeinsam, schien mehr als jeder zweite Werbeauftrag gar nicht in der Transparenzdatenbank auf, lag pro Quartal also unter 5.000 Euro pro Medium. Allerdings machten diese Aufträge fast ein Drittel der gesamten Werbeausgaben aus, nämlich 238.118,89 von 786.548,04 Euro.[47]

Bei der Bundesimmobiliengesellschaft (und ihren Tochtergesellschaften) gingen Werbeschaltungen im Wert von 208.870,48 Euro an der Medientransparenzdatenbank vorbei. Das entsprach 39 Prozent des Gesamtetats.[48]

Den höchsten Anteil jener Werbung, von der die Öffentlichkeit nie etwas erfahren sollte, verbuchte jedoch die AUVA. Sie meldete nur 905.675,63 von 1.531.537,64 Euro. 625.862,01 Euro (41 Prozent) wurden abseits des Lichts der Öffentlichkeit vergeben.[49]

Das beste Ergebnis im Sinne der Transparenz erzielte das Land Tirol. Von 529.700,22 Euro an Werbeausgaben schienen immerhin 400.904,23, das entspricht 76 Prozent, in der Datenbank auf.[50]

Auch das erklärt, warum das Medientransparenzgesetz so geschaffen wurde, wie es ist: Die vom Rechnungshof dokumentierten Anteile nicht berichtspflichtiger Inserate machen demnach je nach geprüfter Organisation zwischen 25 und 41 Prozent aus. Insgesamt meldeten alle betroffenen Rechtsträger – Bundesbehörden, Länder, Gemeinden und Unternehmen – bisher jährliche Gesamtwerbeausgaben zwischen 171 (2018) und 222 Millionen Euro (2020) an die KommAustria. Das würde umgekehrt bedeuten, dass, wenn die Zahlen des Rechnungshofes stimmen, pro Jahr im günstigsten Fall 57, im ungünstigsten jedoch 154 Millionen Euro an der Datenbank vorbei in Form von Werbung an Österreichs Medien gehen. Eine solche Quote wäre vieles, nur nicht transparent.

„Das ‚Klima' günstig beeinflussen":
Warum Politiker Inserate lieben

Österreichische Politiker lieben das Schalten von Inseraten in allerlei Medien. Bevorzugt buchen sie dafür die Dienste von Zeitungen. Warum, das ist teilweise rational begründbar. Vor allem Tageszeitungen haben in Österreich trotz rückläufiger Verbreitung bis heute eine große Reichweite, und wer wirbt, will meistens Publikum. Dabei erreichen allein Tageszeitungen hierzulande immer noch 4,5 Millionen Menschen, das ist jeder zweite Bürger, vom Baby bis zum Greis.

Auffällig und weniger rational erscheint das starke und teure Werben in Zeitungen jedoch, wenn man die Mediennutzung der Bevölkerung insgesamt betrachtet und die Ausgaben österreichischer Regierungen der vergangenen Jahre einmal mehr mit ausländischen vergleicht. 4,4 Millionen Leser von Tageszeitungen[51] stehen täglich 5,3 Millionen Fernsehzuschauern[52], 6 Millionen Radiohörern und 6,2 Millionen Internetnutzern gegenüber.[53] Trotzdem fließen drei Viertel des Werbegeldes der Ministerien in Print-Produkte und ihre dazugehörigen Ableger. Seit Beginn der Dokumentation der Ausgaben in der Medientransparenzdatenbank am 1. Juli 2012 landeten bis 30. Juni 2021 166 von 219 Millionen Euro für Regierungswerbung in diesem Sektor. Das entspricht einem Anteil von 75 Prozent. 131 Millionen Euro davon allein in Tageszeitungen. Zeitschriften und Magazine spielen für die Werbeaktivitäten der Regierung kaum eine Rolle.

Das widerspricht eigentlich allen Trends. Man könnte sogar sagen: Österreichs Bundesregierung setzt das Geld gegen alle Vernunft ein. Das Institut Focus Marketing Research veröffentlicht in seinem Überblick regelmäßig die großen Trends, wohin Werbende ihre Mittel leiten. Wertet man die Daten für Print-, TV-, Radio- und Online-Werbung aus, sieht man, dass der Rest des Landes seine Werbemittel anders verteilt. Und zwar vom mittelständischen Handwerker über Handel und Industrie bis hin zum Großkonzern. Abseits der Politik landet nämlich nur jeder zweite Werbe-Euro in einer Zeitung.[54]

Noch auffälliger wird das Werbe-Verhalten der Regierungen unter den Bundeskanzlern Sebastian Kurz (ÖVP), Christian Kern und Werner Faymann (beide SPÖ), wenn man es mit den Aktivitäten der deutschen Regierungschefin Angela Merkel (CDU) vergleicht. Zwischen

2013 und 2020 passte Berlin seine Werbeaktivitäten dem Publikum und den Veränderungen am Markt an, senkte den Anteil für Print-Werbung von einst knapp der Hälfte auf zuletzt ein Drittel. In Wien hingegen stieg der Stellenwert der Verlage für Regierungswerbung trotz rückläufiger Reichweiten von einst 73 auf 80 Prozent vom Gesamtkuchen. Wie passt das zusammen mit dem immer wiederkehrenden Argument der Politiker, dass die viele Werbung nötig sei, um die Bürger mit Informationen aus erster Hand zu versorgen? Vor allem dann, wenn diese Informationen immer weniger Bürger erreichen?

Zu tun hat das damit, dass Österreichs Staatslenker ihre Budgets für Kommunikation seit jeher als eine sehr spezielle Form der Presseförderung begreifen. Als eine Form, die viel leichter und einfacher gewährt oder entzogen werden kann als „echte" Presseförderung. Und damit geeignet ist, als politisches Instrument und zur Durchsetzung der eigenen Interessen genutzt zu werden. Oder Einfluss zu bewahren. Welcher Aufwand nötig ist, um diesen Einfluss auch bei der Vergabe gesetzlich normierter Presseförderung zu wahren, wurde in den ersten Kapiteln dieses Buches bereits beschrieben. Über die Vergabe von Inseraten, die im Einzelfall zwar geringere, über das Jahr verteilt jedoch viel höhere Beträge als die Presseförderung ausmachen, kann ein Minister oder Kanzler nahezu nach Belieben entscheiden. Ein Wert, den Regierende in Österreich schon sehr früh zu schätzen begannen. Um das anschaulich zu machen, lohnt ein Blick in die Vergangenheit.

Es ist Juli 1974. Bruno Kreisky befindet sich mitten in seiner zweiten Amtszeit als Bundeskanzler. Erstmals kann er ganz allein regieren. Die SPÖ verfügt über die absolute Mandatsmehrheit, ist nicht mehr auf die Duldung einer Minderheitsregierung durch die FPÖ angewiesen. Kanzler und Minister nutzen also die Möglichkeiten, die ihnen die Geschäftsordnung der Ministerien bietet: Kommunikation, Eigenwerbung, Inserate und selbstständig verlegte Broschüren sowie Beilagen, die die Arbeit der Regierung darstellen – mit Mitteln aus dem Steuertopf.

Es verwundert nicht, dass das vor allem der inzwischen oppositionellen ÖVP als Erstes auffällt. Bis Frühling 1970 hat sie selbst allein regiert (Bundeskanzler: Josef Klaus), nun vermisst sie die Macht und muss anerkennen, dass der Neue im Kanzleramt das so wichtige Spiel mit den Medien deutlich zeitgemäßer spielt als sein als trocken verschriener Vorgänger. Einer jener Politiker der Volkspartei, die besonders kritisch auf Kreiskys Tanz mit dem Fernsehen, vor allem aber mit den privatwirtschaftlich geführten Zeitungen blickt, ist der Abgeordnete Herbert Kohlmaier. Dem Multifunktionär (Generalsekretär, Arbeiterkammerrat, Mitglied des ORF-Kuratoriums, Direktor der Pensionsversicherungsanstalt der Angestellten) fallen schon früh die Werbeaktivitäten der Kreisky-Regierung auf. In mehreren Reden spricht er von „Regierungspropaganda", weist darauf hin, dass sich „Inserate, Broschüren, Plakate und sonstige sogenannte Aufklärungsschriften in noch nie da gewesenem Umfang häufen". Finanziert mit Steuergeld.

Der gebürtige Wiener ist studierter Jurist. Hartnäckig. Und nicht frei von Humor. In einer schriftlichen Anfrage wendet er sich direkt an Kreisky und fragt diesen: „Sind Sie bereit, Inserate [...] der Bundesregierung oder einzelner Ressorts mit dem Hinweis zu versehen: ‚finanziert aus Steuergeldern'?" Der lässt Kohlmaier zwei Monate schmoren. Dann antwortet er ihm trocken: „Der vorgeschlagene Hinweis ‚finanziert aus Steuergeldern' kann schon deswegen keine Verwendung finden, da die Budgetmittel bekanntlich nicht nur aus Steuereingängen bestehen."

Doch der ÖVP-Abgeordnete hat „sein" Thema gefunden. In den nächsten Monaten wiederholt er seine Kritik. Immer und immer wieder. Und als sich der Nationalrat im Sommer 1975 wieder zur Debatte der Gesetzesvorhaben für Presse- und Parteienförderung zusammenfindet, greift er Kreiskys „Regierungspropaganda" erneut auf und den Kanzler wieder frontal an. Dieser nämlich, so Kohlmaier, verschwende Steuergeld.

Was anschließend jedoch vor allem die Abgeordneten der SPÖ erstaunt: Nur wenige Minuten später tritt Kohlmaiers Parteikollege Karl Glaser aus Salzburg ans Rednerpult. Auch er richtet seine Worte direkt an Kreisky, den er zunächst außerhalb des Plenarsaals vermutet. Als er ihn doch im Saal entdeckt, spricht er ihn direkt an. Inserate, sagt er, sollten nicht nur in bestimmten Tages- und Wochenzeitungen geschaltet werden. Er glaube, „das jeder Österreicher ein Recht habe,

zu erfahren", wenn zum Beispiel die Bahn einen neuen Fahrplan ein-
führe. Deshalb sollten Inserate aller Bundesdienststellen auch „allen
Zeitungen zugeleitet werden". Alles für alle. Und dann der entschei-
dende Satz: „Eine Förderung aller Zeitungen." Es geht also nicht um
Information für die Bürger. Zumindest nicht nur. Es geht darum, die
Presse finanziell zu unterstützen. Damals schon. Bis heute.

Ein langgedienter Sozialdemokrat von heute saß damals als junger Abgeordneter in genau dieser Debatte im Nationalrat und stand
auch selbst am Rednerpult, zwischen den Reden von Kohlmaier und
Glaser. Der Mann, um den es geht, war eine Zeit lang Journalist bei
der Parteizeitung „Neue Zeit", wurde später Zentralsekretär, Wahlkampfleiter und Innenminister. Sein Name: Karl Blecha. Er erinnert
sich heute, im Ruhestand, noch gut daran, warum die Politik schon
seinerzeit nicht nur zu Informationszwecken mit Inseraten aus dem
Bundesbudget arbeitete.

Blecha, den auch außerhalb der Partei viele „Charly" nennen,
hatte schon immer ein Gespür für die Bedeutung öffentlicher Präsenz, für Meinungsforschung, Wählerwillen und vor allem: Medien.
Als Wien-Korrespondent der „Neuen Zeit" berichtete er für die Parteizeitung aus der Steiermark. Er gründete auch IFES, das Institut für
empirische Sozialforschung. Erst im Herbst 2019 gab er die letzten
Anteile am Unternehmen ab. Inzwischen ist er der Meinung, dass
man die wertvollen Werbeaufträge staatlicher Stellen „sehr, sehr kritisch" betrachten müsse. Denn die Geldflüsse, sagt er, schaffen Abhängigkeiten. Je größer der Geldfluss, desto größer sei auch die Abhängigkeit. Vom Couch-Stuhl des politischen Beobachters aus blickt
der 1933 in Wien geborene Blecha kritisch, aber ohne Groll auf die
Entwicklungen der vergangenen Jahre und dabei auch auf seine eigene
Ära zurück. So sei es wohl zumindest nicht zum Vorteil des demokra-
tischen Gefüges gewesen, dass die finanzielle Bedeutung der Presseförderung abgenommen und jene der Werbeschaltungen der Regierung zugenommen habe. Warum? „Weil die Schaltung eines Inserats
ein Gesicht, einen Auftraggeber hat", sagt er. Geld, das aus einem
Topf wie der Presseförderung komme, habe praktisch kein Mascherl.
Wird es am Konto des Verlages verbucht, sei es nahezu anonym. „Der,
der ein Inserat schaltet und anschließend – mit was auch immer – un-

zufrieden ist, kann aber anrufen. Sich beschweren, intervenieren. Als Eigentümer, Herausgeber oder Chefredakteur kann ich dem nicht aus dem Weg gehen, ihn nicht ewig am Telefon oder sonst wo abwimmeln." Und irgendwann hinterlasse das wohl in der Berichterstattung Spuren.

Früher, als Zentralsekretär, Wahlkampfleiter oder Minister, beobachtete Blecha jeden Tag die Zeitungen. Alle. Und war gleichzeitig selbst ein wichtiger Teil jenes Prozesses, in dem die Mächtigen entschieden, welcher Zeitung und welchem Journalisten man auf welchem Weg Informationen zukommen ließ. Ein Spiel, das, wie Blecha sagt, damals schon integraler Bestandteil des Verhältnisses zwischen Politik und Medien war. Heute, spätestens seit Sebastian Kurz Bundeskanzler ist, hat es nur einen modernen Namen bekommen: Message Control. Im Laufe der Jahre, sagt Blecha, habe er ein Gefühl dafür entwickelt, wie frei die Presse vor Einflussnahme durch die Politik in Österreich wirklich ist. Er glaubt, dass inhaltliche Unabhängigkeit nur durch finanzielle Unabhängigkeit entstehe. „Das gilt vor allem für die ‚Kronen Zeitung'." Schon zu seiner Zeit, in den 1970er- und 1980er-Jahren, sei das Massenblatt wegen seiner hohen Auflage im Vergleich zu den Mitbewerbern relativ frei von Einfluss gewesen. „Schlicht deshalb, weil die Zuwendungen unterschiedlichster Interessensgruppen einfach einen vergleichsweise geringen Anteil an den Umsätzen hatten." Das sei heute noch so und trotz aller Unabhängigkeit nicht unproblematisch. Ihre wirtschaftliche Potenz habe der „Kronen Zeitung" gegenüber den Mitbewerbern nämlich die politische Macht verliehen, sich sogar direkt gegen eine Regierung zu stellen und so strukturelle Veränderungen zu verhindern.

Ein Parteikollege Blechas, der wie er zu Beginn der 1970er-Jahre in der Ära Kreisky in den Nationalrat einzog, Klubobmann, Minister, Nationalrats- und letztlich Bundespräsident wurde, spricht es 50 Jahre nach dem Start seiner politischen Karriere noch deutlicher aus: Heinz Fischer. Gemeinsam mit Blecha behandelte er zu jener Zeit unter anderem die Entwicklung der Presseförderung. Schon damals, sagt er heute, hatte die Schaltung von Inseraten „natürlich nicht nur ökonomische Auswirkungen" und stand wohl auch deshalb immer wieder im Zentrum der Kritik jener, die keine Möglichkeit hatten, die Mittel einzusetzen. Fischer spricht es klar und deutlich an: Die Schaltungen

„sollten auch das ‚Klima‘ in der Beziehung zwischen Politik und Medien günstig beeinflussen".

Wobei es in den 1970er-Jahren demnach zwar schon die Idee dazu gab, das Verhältnis zwischen den beiden Gegenpolen mit dem Einkauf von Inseraten zu verbessern – von den Mitteln, die heutzutage zur Verfügung stehen, wagten die Machthaber unter Kreisky aber nicht einmal zu träumen. Wie viel damals in Form von Werbung aus den Budgets der Ministerien an die Zeitungen ging, mag damals noch erheblich undurchsichtiger als heute gewesen sein, Karl Blecha erinnert sich jedoch daran, dass es vor allem um Stellenausschreibungen im öffentlichen Dienst ging, für deren Schaltung die Behörden zahlten. „Das waren Größenordnungen, die weit unter den heutigen Ausgaben gelegen haben müssen", sagt er. Sucht man in den parlamentarischen Aufzeichnungen und Protokollen von damals, dürfte es tatsächlich um vergleichsweise kostengünstige Stellenanzeigen gegangen sein. Den größten Brocken hat augenscheinlich die Produktion von Broschüren ausgemacht, die die Arbeit der Bundesregierung beschrieben. Diese Druckwerke wurden jedoch meistens selbstständig herausgegeben und hatten mit Tageszeitungen unmittelbar nichts zu tun. Objektiv zu erheben sind diese Ausgaben heute jedoch nicht mehr. Groß gestört hat die Praxis in den folgenden Jahrzehnten kaum jemanden. Der Mitteleinsatz schien nicht groß genug.

Und dann kam einer, der die Rahmenbedingungen neu definierte. „Als Werner Faymann in die Bundespolitik wechselte, änderte sich alles", erzählt uns ein Manager aus der Verlagsbranche, der unerkannt bleiben möchte. „Bevor Faymann kam, galten Inseratenbudgets in der heutigen Größenordnung als regelrecht unanständig", erinnert sich ein Mitarbeiter aus einem Kanzleramts-Kabinett unter Faymanns Vorvorgänger, Wolfgang Schüssel (ÖVP). Auch er will namentlich nicht erwähnt werden. Genauso ein ranghoher Beamter, ein Sektionschef, der Werner Faymann unmittelbar nach dem Wechsel aus dem Wiener Wohnbauressort ins Verkehrsministerium bei seinem Zwischenhalt als Infrastrukturminister erlebte, bevor er ins Kanzleramt aufstieg. Auch er sagt: „Alles wurde anders. Aber vor allem wurde es teurer für den Steuerzahler." Einer, der aus dem Ruhestand auch offen spricht, ist der damalige Generalsekretär des VÖZ, Walter Schaffelhofer. Als

Werner Faymann 2007 von Wien in die Bundespolitik wechselte, war Schaffelhofer, mit Unterbrechungen dazwischen, schon 21 Jahre lang an der Spitze des VÖZ gestanden. Doch was von da an einsetzte und bis heute wirkt, das hatte er so noch nicht gesehen.

„Die seitenweisen Buchungen", erzählt er, „die unter Werner Faymann einsetzten und in Form und Zahl gleich regelrecht explodierten, das war ein Paradigmenwechsel." Eine Entwicklung, die, wie er meint, dem Image der Werbung durch die öffentliche Hand geschadet habe. Schaffelhofer war nämlich nicht nur oberster Lobbyist von Österreichs Verlegern, er war selbst einer. Oder zumindest für einen solchen leitend tätig. Als Verlagsleiter bei der Wochenzeitung „Furche" hat er die Bedeutung von Inseratenschaltungen der öffentlichen Hand am eigenen Leib miterlebt und sagt deshalb auch heute, dass das anrüchige Image der vermeintlichen Medienkorruption korrigiert gehöre. Weniger durch gänzliches Einstellen der Praxis selbst, sondern durch professionelles Schalten der Inserate. So, wie es private Unternehmen seit jeher tun.

Doch das ist nur der eine Teil der Erzählung, wie das Netzwerk aus Beziehungen zwischen Bundespolitik und Zeitungen durch den Ausbau finanzieller Verbindungen noch dichter wurde. Das Wirken von Werner Faymann und seines einstigen Kabinettschefs, des späteren Staatssekretärs und Kanzleramtsministers Josef Ostermayer, ist nämlich keineswegs allein dafür verantwortlich. Nicht nur aufseiten der Geber, auch aufseiten der Nehmer waren damals neue Zeiten angebrochen. Einerseits brachte Faymann das in Wien bewährte System, sich selbst mithilfe von Werbung in Zeitungen als omnipräsenten Politiker aufzubauen, in die Bundespolitik. Andererseits erfolgte Faymanns Wechsel in die nächsthöhere Spielklasse nur knapp ein Jahr, nachdem die Brüder Wolfgang und Helmuth Fellner ebenfalls ihr angestammtes Umfeld verlassen hatten. Nach dem Aufbau der Magazin-Gruppe rund um die Titel „News", „TV-Media", „E-Media" und „Woman" (heute Verlagsgruppe News) wechselten sie die Disziplin, gründeten 2006 mit „Österreich" eine Tageszeitung und zogen vom News-Tower am Wiener Donaukanal in den Akademiehof am Karlsplatz. Der Aufbau von Newsroom, Redaktion und Vertriebsnetz kostete Geld. Viel Geld. Und musste mit noch mehr Geld am Laufen gehalten werden. Die Produktion einer Tageszeitung, gewissermaßen die Königsdisziplin im Print-Business, ist teuer. Von Anfang an war klar, dass ein großer Teil der Auflage kostenlos ans Publikum gehen sollte. Entsprechend hoch war und ist die Bedeutung des Verkaufs von Werbeflächen: Inseraten. Eine Disziplin, in der den Fellners in Österreich kaum jemand etwas vormacht.

Spricht man mit Kunden, den Werbenden, erhält man ein buntes Bild von ihren Verkaufsmethoden. Kreativ sollen sie sein, voller Ideen, den Inseraten immer neue Modelle einer eigentlich alten und traditionellen Werbeform schmackhaft zu machen. Und hartnäckig, wie ein Beamter eines Ministeriums erzählt, der bis heute für die Abwicklung von Werbeschaltungen mitverantwortlich ist. „Die haben manchmal so oft angerufen, bis man irgendwann nicht mehr anders konnte, als Ja zu sagen." Wieder andere berichten von Druck, den sie erfahren haben wollen, wenn nicht ausreichend oft geschaltet wurde. Ex-Bundeskanzler Christian Kern ist einer der wenigen (Ex-)Politiker, die diese Praxis – wenn auch von den Brüdern Fellner stets dementiert – öffentlich ansprachen.[55]

Um vor, während und nach der Gründung von „Österreich" ausreichend Werbekunden zu bekommen, zeigten die Fellners und ihre Anzeigenverkäufer zu jener Zeit und bei den zuständigen Stellen in den Ministerien eine Präsenz, die das Land so noch nicht gesehen hatte. „Vor allem im öffentlichen Bereich konnte oder wollte man sich diesem Druck kaum entziehen", erinnert sich ein Geschäftsführer aus dem Zeitungsgeschäft, der unerkannt bleiben möchte. „Und während die ‚Österreich'-Gründer bei einem Ministerium nach dem anderen anklopften, wachten auch die Mitbewerber auf. Das setzte eine Spirale in Gang, die sich bis heute dreht, brachte einen ganzen Geschäftszweig, nämlich die Schaltung von Werbung durch öffentliche Träger, in Verruf."

Nur vier Monate nach der ersten Ausgabe von „Österreich" erreichte Werner Faymann die Bundespolitik, und die Werbespirale legte noch einmal an Geschwindigkeit zu – mit, wie beschrieben, teils absurden Auswüchsen.

Es folgten Jahre, in denen die Spitzenpolitiker immer mehr Geld aus den Budgetmitteln ihrer Häuser in den Werbemarkt pumpten. Jahre der Selbstdarstellung, Eigenvermarktung und der Veranschaulichung des eigenen politischen Wirkens bei denen, die diese Präsentation mit dem eigenen Geld auch noch bezahlten. All das provozierte natürlich Kritik. Weniger vom Koalitionspartner ÖVP, an dessen Spitze in der Ära Faymann die Vizekanzler Josef Pröll, Michael Spindelegger und Reinhold Mitterlehner standen, dafür umso mehr bei jenen, die glaubten, selbst kein ausreichend großes Stück vom Kuchen zu bekommen, also jenen Zeitungen und Verlagen, die nicht zum Segment der Massenblätter gehörten. Auch die politische Opposition hatte naturgemäß wenig über für Werbepraktiken, die sich Regierungsparteien mit Steuergeld bezahlen lassen konnten, während man selbst dafür auf Eigenmittel zurückgreifen musste. Besonders lautstark traten damals FPÖ und Grüne gegen das Fahrt aufnehmende Medien-Sponsoring der Regierung Faymann auf. Fast im Wochenrhythmus schickten sie Sachverhaltsdarstellungen an die Staatsanwaltschaften. Mit dem Ergebnis, dass mit der einen oder anderen nach außen geleakten Zeugeneinvernahme („sieben Millionen für den Werner", siehe vorangegangenes Kapitel) zumindest ausreichend viel Druck aufgebaut wurde und SPÖ und ÖVP nicht mehr anders konnten, als zumindest das Medientransparenzgesetz zu ermöglichen. Die späteren Regierungsbeteiligungen von ÖVP (ab 2017) und Grünen (ab 2020) offenbarten aber, dass sie sich dieser Praxis selbst ebenso nicht entziehen konnten. Die in der Medientransparenzdatenbank erfassten Daten zeigen: Im Laufe der Jahre gab die Bundesregierung tendenziell immer mehr, nicht weniger Geld für Werbung in Zeitungen aus.

Überraschend mag dabei erscheinen, dass die härteste Kritik an der Praxis der SPÖ aus den eigenen Reihen kam. Und das von Personen, die vom Fach sind, von Kommunikation etwas verstehen. Einer dieser Fachleute hat sein Büro heute in einem Gebäude in der Wiener Margaretenstraße 70. Dort, im obersten Stockwerk, hat die Skills Group ihren Sitz. Geschäftsführer und Miteigentümer der Kommunikationsagentur ist Stefan Albin Sengl. Seit seiner Jugend beschäftigt er sich unter anderem mit politischer Kommunikation, aber nicht nur. Sein Unternehmen gehört im Bereich der strategischen Kommunikation zu den Marktführern in Österreich. Er selbst nahm sich in der Vergangenheit immer wieder Auszeiten von seinem „Zivilberuf", um Dinge zu tun, die seiner politischen Überzeugung entsprachen. Eine jener Kampagnen, auf die er besonders stolz ist, ist jene zur Wiederwahl von Heinz Fischer zum Bundespräsidenten. Der

1974 in Salzburg geborene Sengl hat trotz seiner Loyalität zur eigenen Gesinnungsgemeinschaft die Außensicht nie verloren und geht selbstkritisch mit der SPÖ um. Als Unternehmer ist ihm etwa unverständlich, warum es bis heute in Teilen der Sozialdemokratie als anrüchig gilt, wirtschaftlichen Erfolg zu haben. Soziale Verantwortung und persönlicher Wohlstand schließen einander seiner Meinung nach nicht aus.

Auch im Bereich der Kommunikation spricht sich Sengl dafür aus, neue Wege zu beschreiten. Dabei fallen ihm Tag für Tag bedenkliche Dinge auf. Wenn er morgens im Erdgeschoss der Unternehmensadresse den Aufzug nimmt, nach ganz oben fährt, aussteigt und die Bürotür öffnet, kommt er im Empfangsraum an einem langen Regal vorbei. In diesem stehen alle für das Tagesgeschehen relevanten Zeitungen und Magazine, gut gefüllt mit Inseraten der Regierung. Inserate, die er zum überwiegenden Teil für sinnlos hält. Sengl sagt das auch offen. Er tut das heute – und hat es auch schon in der Vergangenheit getan.

Am 7. Mai 2016, zwei Tage, bevor Werner Faymann dem parteiinternen Druck nach mehreren schlechten Wahlergebnissen nachgab und zurücktrat, schrieb er einen offenen Brief an den Bundeskanzler. Er begann mit „Lieber Werner …" und schloss mit „freundschaftlichen Grüßen, Stefan". Dazwischen: Neun Punkte für einen Relaunch der SPÖ. Gleich an erster Stelle: „Inseratenpolitik beenden." Warum das?

„Weil ich zutiefst davon überzeugt war und bin, dass es verbranntes Geld ist, wenn man glaubt, dass man sich als Politiker damit den ‚Goodwill' der Medien erkaufen kann." Fünf Jahre nach seiner Kritik an der Praxis, mit viel Geld zum Teil inhaltsleere Inserate in Zeitungen zu buchen, wirkt Sengl auf Zuhörer ein wenig desillusioniert. Historisch betrachtet, sagt er, habe er Werner Faymann und der von ihm geführten Regierung nämlich sogar unrecht getan. „Weil ich damals dachte, dass es nicht mehr schlimmer geht. Das stimmte aber nicht." Eine persönliche Beobachtung Sengls, die sich mithilfe von Daten aus der Medientransparenzdatenbank objektivieren lässt. Die Details dazu sind im folgenden Kapitel nachzulesen.

In seinem Brief an Bundeskanzler Faymann schrieb Sengl damals davon, dass hinter dem großzügigen Werben in Zeitungen und Zeitschriften „ein bedenkliches Verständnis von Medien steckt". Die SPÖ begebe sich dadurch „wie ein Junkie in einen Teufelskreis der Abhängigkeit".

2021 hat sich für ihn nichts an dem Befund geändert. Nur dass die Personen, die die Werbeetats der Ministerien heute vergeben, zum Teil Mitglieder anderer Parteien sind. Sengl hat sich aus den großen politischen Kampagnen inzwischen zurückgezogen. 2017 wollte er mit Christian Kern noch einmal durchstarten, eine – wie er damals auf seinem persönlichen Blog schrieb – „saubere" und „positive" Kampagne machen. Tatsächlich wurde die Auseinandersetzung zwischen Kern und Kurz eine bisher noch nie da gewesene Schlammschlacht, aus der er sich rechtzeitig, noch vor Beginn des eigentlichen Wahlkampfes, wieder verabschiedete. Inzwischen ist die Distanz groß genug, dass er zu folgender Diagnose für den Zustand des Verhältnisses zwischen Politik und Medien kommt: „Meinem Empfinden nach hat sich der Spieß längst umgedreht. Anfangs glaubte man wohl, dass man mit wertvollen Buchungen positive Berichterstattung kaufen könne. Aber mit jedem Brocken, den man der Bestie hinwarf, wurde sie größer. Inzwischen füttert man sie nur noch, damit sie nicht über einen herfällt. Natürlich gibt es manchmal auch positive Schlagzeilen dafür. Aber gesamtheitlich gesehen wird das Geld ausgegeben, um die Schmerzen zu reduzieren."

Wenn die Politik die eigenen Interessen über Jahre mit viel Geld verfolgt und vertritt, bewirkt das etwas. Gemeint ist damit nicht nur das beständig gewachsene und inzwischen auf Gegenseitigkeit beruhende Abhängigkeitsverhältnis mit den Medien. Die konsequente Verfolgung der eigenen Interessen hat dazu geführt, dass Inserate an sich ein schlechtes Image bekamen. Das ist eine Entwicklung, mit der die öffentlichen Auftraggeber besser zurechtkommen als die Empfänger. Politiker leben seit jeher gut mit einem schlechten Ruf. Die Glaubwürdigkeit einer Redaktion hingegen gehört zu ihrem wichtigsten Kapital. Der Stellenwert von Glaubwürdigkeit wird in Zukunft wohl noch zunehmen, denn nur Glaubwürdigkeit kann auf Dauer dabei helfen, die eigenen Produkte erfolgreich am Publikumsmarkt zu verkaufen, sei es für gedruckte Produkte oder ein kostenpflichtiges Abo eines digitalen Kanals. Denn abseits der unmittelbaren Beziehungen zwischen Medien, Regierung und öffentlichen Körperschaften stagniert die finanzielle Bedeutung von Inseraten für gedruckte Medien. Teilweise geht sie sogar zurück. Der Verband Österreichischer Zeitungen (vöz) weiß das nur zu gut und betrachtet die gesellschaftliche Entwertung des Inserats – zu Recht – als Gefahr.

Es ist Frühling 2020. Die sogenannte erste Welle der Coronavirus-Pandemie flacht gerade etwas ab. Politik, Wirtschaft und Gesellschaft halten inne und denken darüber nach, was da während der vergangenen Monate passiert ist. Zu denen, die reflektieren, gehört auch der St.-Georgs-Orden. Gegründet als elitärer Ritterorden, sieht er sich in der Tradition des Hauses Habsburg-Lothringen und bekennt sich zu einem geeinten, selbstbewussten Europa. Am 4. Mai lädt Großmeister Karl Habsburg-Lothringen seine prominenten Vereinsmitglieder zur Veranstaltung „Österreichs Medien in und nach der Corona-Krise". Treffpunkt ist nicht die Ordensresidenz im Kloster der Salesianerinnen am Wiener Rennweg, sondern der Cyberspace. Wie so viele in dieser Zeit findet auch diese Veranstaltung in Form einer Videokonferenz statt. Für die Keynote ist vöz-Geschäftsführer Gerald Grünberger eingeladen. Er spricht davon, dass es für Zeitungen „mit reiner Werbefinanzierung schwierig geworden ist". Zu tun hat das damit, dass 80 bis 90 Prozent des Werbewachstums auf die Internetriesen Google, Facebook und Amazon zurückgehen, diese zudem Mittel aus den klassischen Feldern absaugen und mit dieser Entwicklung zahlendes Publikum für Medien immer wichtiger wird. Publikum, das ziemlich genau darauf schaut, wie die per Abo mitfinanzierte Redaktion mit den Reichen und Mächtigen umgeht, über die sie berichtet. Genau da hakt Grünberger ein, äußert vorsichtig, aber doch Kritik am Verhalten seiner eigenen Mitglieder. In Deutschland, erzählt er, gebe es eine heftige öffentliche Debatte über die Pandemie-Berichterstattung der Medien und die tägliche Gratwanderung von Journalisten dabei: „Sollen Journalisten jenen zu Halbgöttern stilisierten Virologen und Medizinern, denen die Politik vertraut, ebenfalls Vertrauen schenken? Oder sollten sie diese auch mit anderen Meinungen hinterfragen?" Man stelle sich dort stärker als in Österreich die Frage, was denn wichtiger sei: Berufs- oder Verantwortungsethik. Grünberger urteilt: „Ich würde sagen, Österreich hat sich eher beim zweiten Pol eingereiht."

Das allein hat der Zeitungslandschaft noch nicht geschadet. Schwierig wurde es jedoch mit zunehmender Dauer der Pandemie. Denn vor allem zivilgesellschaftliche Initiativen in sozialen Medien[56], unabhängige Blogger[57], Wissenschaftler[58], Internetmedien[59] und der private TV-Sender ServusTV begannen immer öfter die Frage zu stellen, ob die viele Millionen Euro schweren Zahlungen aus Presseförderung und Inseraten etwas damit zu tun haben könnten, dass vor allem Tageszeitungen häufig die „Regierungslinie" vertraten. Eine Deutung, die von Wochenzeitungen und Magazinen[60] übernommen wurde, in unzähligen Diskussionen in Web-Foren debattiert wurde, die Vertreter von Tageszeitungen und Journalistenvereinigungen jedoch zurückwiesen.[61]

Der jahrelang gepflegten Liebe der Politik zum Instrument Regierungsinserat schadete das allerdings nicht. Im Gegenteil. Noch nie zuvor gaben die obersten Stellen der Verwaltung so viel Geld für Zeitungsinserate aus wie 2020, dem ersten Jahr der Coronavirus-Pandemie. Schaltungen im Wert von 47,2 Millionen Euro meldeten allein die Ministerien und das Kanzleramt von Jänner bis Dezember. Drei Viertel davon flossen in Inserate in Print-Medien. In Inserate, die streckenweise keinerlei Information transportierten. Dabei hatte gerade in dieser Krisenlage die Staatsspitze ein legitimes Interesse, wichtige Informationen prägnant und einfach an die Empfänger zu bringen. Hygieneempfehlungen wie der Aufruf zum regelmäßigen Händewaschen zum Beispiel, um einer Infektion mit dem neuartigen Coronavirus bestmöglich vorzubeugen, die Bekanntmachung der Verordnung grundlegender Regeln wie die Masken-Tragepflicht oder das Betretungsverbot von bestimmten Orten. Doch die Art der Buchungen bei den Zeitungen ging rasch in eine Richtung, deren Zweck man schon bald hinterfragen konnte und der augenscheinlich nicht den Anforderungen des Medientransparenzgesetzes entsprach. Dienten sie womöglich nur dem Zweck, Geld zu verteilen?

Eine Frage, der sich die Stabsstelle Medien im Bundeskanzleramt (Leitung: Sebastian Kurz' ehemaliger Pressesprecher Gerald Fleischmann) für die Recherche zu diesem Buch nicht stellen wollte: Anfänglich signalisierter Gesprächsbereitschaft folgte Schweigen. Bis heute. Das Gesetz fordert jedenfalls, dass Inserate einem „konkreten Informationsbedürfnis" der Allgemeinheit dienen. Dies können „Handlungs-

oder Verhaltensempfehlungen und Sachinformationen" sein. Im Zuge der Corona-Kampagne der Bundesregierung erschienen vor Weihnachten 2020 ganzseitige Inserate, auf denen ein Kind in einem Elefantenkostüm zu sehen war. „Danke!", war da zu lesen, und weiter: „Wir wünschen Ihnen frohe Weihnachten." Nach Weihnachten dann die nächste Welle. Wieder ganzseitige Sujets, nur dieses Mal jeweils die Seite 1. Neben einem grünen Coronavirus auf türkisem Grund war Folgendes zu lesen: „Immer richtig, jetzt aber doppelt wichtig!" Erst beim Umblättern auf die nächsten Seiten erschloss sich dem Publikum der Sinn. Gemeint waren die Hygieneregeln. Dokumentiert sind die immer gleichen Sujets in „Krone", „Heute", „Österreich", „Kleine Zeitung", „Kurier", „Standard", „Oberösterreichische Nachrichten", „Presse", „Salzburger Nachrichten", „Tiroler Tageszeitung" und „Vorarlberger Nachrichten". Selbst ohne Kenntnis der gewährten Rabatte lässt sich auf Basis der öffentlich zugänglichen Preislisten schätzen, dass allein diese Serie mehrere Hunderttausend Euro gekostet hat.

Titelseite „Die Presse am Sonntag" (31.12.2021),
Inserat im Blattinneren „Heute" (21.12.2020, S. 9)

Wie letztlich ein Slogan wie „Wir wünschen frohe Weihnachten" das im Gesetz verankerte „sachliche Informationsbedürfnis" erfüllt, beantwortet die Bundesregierung nicht. Das könnte damit zu tun haben, dass für Verstöße keine Strafen vorgesehen sind und jene Verlage, die davon profitieren, nur ein geringes Interesse daran haben, die Angelegenheit journalistisch kritisch zu beleuchten.

Aber zumindest im Verborgenen, in der Laien nur schwer zugänglichen Welt der juristischen Fachzeitschriften, fand diese Debatte schon einmal statt. Angestoßen wurde sie ausgerechnet von einem Mitarbeiter des Bundeskanzleramts. Genau genommen von einem jener Beamten, die das Medientransparenzgesetz seinerzeit entworfen haben. Sein Name: Michael Kogler.

Mehrfach schon hat sich der erfahrene Medienrechtler wissenschaftlich mit dem Thema auseinandergesetzt. Besonders kritisch 2016, als er in der „Zeitschrift für Informationsrecht" die Frage stellte: „Wussten Sie (trotz § 3a MedKF-TG) schon, dass ..." Oder zuletzt 2019 unter dem Titel: „(Unnütze und nützliche) Sachinformation oder (untersagte) Imagepflege". Kogler leitet die Geschäftsstelle des „Unabhängigen Parteien-Transparenz-Senates" und ist gleichzeitig stellvertretender Leiter der Abteilung „Medien und Informationsgesellschaft" im Verfassungsdienst des Kanzleramts. Seine Einschätzungen als Beamter werden von der politischen Führung kontrolliert. Wie bei den meisten anderen Mitarbeitern öffentlicher Stellen dringt kaum ein kritisches Wort nach außen. Dafür sorgen die Filter der Pressestellen.

Als Wissenschaftler muss er sich jedoch kein Blatt vor den Mund nehmen und kann ganz objektiv der Frage nachgehen, ob das, was die Bundes- und neun Landesregierungen an Inseraten schalten, auch dem Gesetz entspricht. Das Ergebnis kurz und knapp: Kogler hat Zweifel. Zum Beispiel dann, wenn das Verkehrsministerium in einem Sujet fragt: „Wussten Sie, dass mehr als ein Drittel der Wege, die wir mit dem Auto fahren, kürzer als fünf Minuten sind?" Oder wenn das Verteidigungsministerium für die Schaltung eines Slogans wie diesen zahlt: „Auf unser Heer kommt es an. Gerade jetzt."[62] Dient das dem geforderten „konkreten Informationsbedürfnis"? Oder ist es letztlich doch nur Vermarktung, die ausdrücklich unzulässig ist? Seine zusammenfassende Beurteilung ist genauso diplomatisch wie humorvoll:

„Auch mehrere Jahre nach Inkrafttreten dürften die in den Rechtsvorschriften verwendeten und näher beschriebenen Begriffe ‚Sachinformation' und ‚Vermarktung' im Bund und von Land zu Land unterschiedlich verstanden werden."[63]

Wie wichtig Politikern die Möglichkeit zur Vergabe von Werbegeld, und damit die – kaufbare – Aufrechterhaltung guter Beziehungen zu Medien ist, weiß niemand besser als die Politiker selbst. Anders als die Beamten des Verwaltungsapparats sind sie es, die damit unmittelbar ihre eigenen Interessen vertreten. Zudem könnten sie auch freier darüber sprechen als die von einer Unzahl von Pressesprechern zum Stillschweigen verpflichteten Beamten. Allein, sie tun es fast nie. Über die Gründe kann man nur spekulieren, aber womöglich ahnen sie selbst, dass so manches Detail über das Beziehungsgeflecht zu den Zeitungen beim Souverän nicht gut ankommen würde. Und doch gibt es Politiker, die es tun, die Probleme ansprechen. Meistens jedoch erst dann, wenn sie selbst an diesem politmedialen System zerbrochen oder zumindest ein Stück weit gescheitert sind. Thomas Drozda ist so einer.

Inzwischen hat der Sozialdemokrat seine politische Karriere bereits zum zweiten Mal beendet. Die erste dauerte nicht allzu lange, führte ihn von der Sozialistischen Jugend in die Kabinette der Bundeskanzler Franz Vranitzky und Viktor Klima. Nach einem längeren Ausflug in staats- und stadtnahe Kulturbetriebe (Geschäftsführer Burgtheater, Generaldirektor Vereinigte Bühnen Wien) begann er ab 2016 wieder für einen Bundeskanzler zu arbeiten. Der hieß damals Christian Kern, und Drozda nahm bei ihm die Funktion des für Medien und Kultur zuständigen Kanzleramtsministers ein. Nach seiner Amtszeit in der Regierung wechselte Drozda als Abgeordneter der SPÖ ins Parlament, das er im Frühling 2021 wieder in Richtung eines Stadt-Wien-nahen Unternehmens verließ: der ARWAG Wohnbau-Holding.

Zwar war die Amtszeit des gebürtigen Oberösterreichers als Medienminister vergleichsweise kurz, die Zeit im Kanzleramt war aber eine intensive, denn Kern und Drozda arbeiteten daran, die Co-Finanzierung der Presse mit öffentlichen Geldern zu reformieren. Sprich: Die Ausgaben der Ministerien für Inserate zu reduzieren und

im Gegenzug die Summe der ausgeschütteten Presseförderung zu erhöhen. Gescheitert ist das am Widerstand jener Gruppe an Zeitungen, die sich selbst dem Segment der Qualitätsmedien zuordnet. „Ein
offener Brief von ‚Standard'-Herausgeber und Eigentümer Oscar
Bronner hat dem Vorhaben letztlich den Todesstoß versetzt", erinnert
sich Drozda an das Vorhaben des Jahres 2017. Und zwar, weil Bronner
(der das öffentlich tat) und die anderen Verleger nicht anerkennen wollten, dass auch andere journalistische Arbeitsplätze von Wert und womöglich förderwürdig sein könnten. Und nicht nur jene in den eigenen
Redaktionen.

Thomas Drozda und sein Kanzler, Christian Kern, scheiterten in
den Jahren 2016 und 2017 aber nicht nur mit der Reform der Presseförderung. Die „Inseratepolitik", für die zuvor der ehemalige
SPÖ-Wahlkampfstratege und PR-Fachmann Stefan Albin Sengl Werner
Faymann scharf kritisiert hatte, sollte ebenfalls verändert werden.
Und mit verändern meinten sie Einsparungsmaßnahmen. Der Plan
war, die Verteilung der Mittel abhängig von der Reichweite des Medi-
ums zu machen und die Kampagnen zentral zu steuern. Diese sollten
zuvor nämlich verpflichtend durch den Ministerrat gehen. Der Gedanke dabei war, dass dadurch eine gewisse Transparenz innerhalb der
Regierung entstehen sollte, denn Transparenz schafft den Druck zur
Rechtfertigung.

„Das hat nicht allen innerhalb der Regierung gefallen", sagt
Drozda nun mit ein paar Jahren Abstand und nennt die damals
ÖVP-geführten Ministerien für Inneres (Wolfgang Sobotka) und äußere Angelegenheiten (Sebastian Kurz). Aber auch von der SPÖ geführte Häuser machten lieber so weiter wie bisher. Zum Beispiel das
Verteidigungsministerium unter Minister Hans Peter Doskozil. Warum? „Weil nur wenige bereit waren, ihren Inserate-Schrebergarten
aufzugeben", erinnert sich Drozda. „Zumindest wir im Kanzleramt
haben versucht, uns an die eigenen Vorgaben zu halten", sagt er.

Das dürfte jedoch nur eine Zeit lang geglückt sein. Druck kam
nämlich nicht nur aus der eigenen Regierung. Druck kam auch von
den Verlegern. Drozda berichtet davon, persönlich kaum etwas ge-
spürt zu haben. Das meiste davon sei im Finanzministerium, mit dem
Bundeskanzleramt der finanzstärkste Werber in der Regierung, ange-
kommen.

Eine volle Breitseite will vor allem Bundeskanzler Christian Kern abbekommen haben. Ende 2019 schüttete er der Rechercheplattform „Dossier" in einem Interview sein Herz aus und berichtete davon, wie verschnupft insbesondere die Massenblätter Wiens auf seinen Plan reagiert hätten, die Inseratenbudgets der Bundesregierung zu kürzen. Als Konsequenz hätten diese eine Schmutzkübelkampagne gegen ihn und seine Frau inszeniert. „Parteifreunde haben mich gebeten, dass ich mich mit Herrn Fellner (Anmerkung: Gemeint war Wolfgang Fellner, Co-Eigentümer und Geschäftsführer der Mediengruppe ‚Österreich') und der ‚Krone' arrangieren solle." Fellner soll implizit sogar damit gedroht haben, dass dies erst ein Ende haben werde, wenn Kern und die Regierung wieder mehr Werbung in seinen Medien schalten würden. Ein Vorwurf, den der Angesprochene bestritt und als „hanebüchenen Unsinn" bezeichnete. Was Kern und andere verbreiten, seien „nebulöse und anonyme Sudelgerüchte, die keinen Funken Wahrheit haben".[64]

Wie so oft steht hier Aussage gegen Aussage. Bis auf Kern und die ehemalige parteifreie Außenministerin (Dezember 2017 bis Juni 2019) Karin Kneissl[65] sprach bisher niemand offen darüber, dass Österreichs Medienhäuser – so wie Stefan Albin Sengl sagt – den Spieß inzwischen umgedreht haben und das Inseratengeld, das während der Ära Faymann in Strömen zu fließen begann, inzwischen auch einfordern.

Viele andere berichten darüber nur anonym. Im Lauf der monatelangen Recherchen für dieses Buch begegneten uns Spitzenbeamte aus Innen-, Verteidigungs- und Verkehrsministerium, die von gegenseitigen Erpressungsversuchen im Zuge von Buchungen von Inseraten berichten. Diese Erzählungen waren jedoch ebenso wenig ausreichend verifizierbar wie die Schilderungen zweier Wahlkampfmanager. Auch sie erzählten von Fällen, in denen Medienmacher ihr Stück vom Kuchen einforderten, und dafür unterstützende Berichterstattung anboten. Weil die Wahlkampfmanager jedoch Wert auf ihre Anonymität legen, konnten die Medienmacher in diesen Fällen nicht mit den Behauptungen konfrontiert werden. Handelt es sich bei all den Geschichten um eine merkwürdige Häufung von Zufällen? Erfinden all die Quellen unabhängig voneinander die gleiche Geschichte? Das ist sehr unwahrscheinlich, doch bis auf sehr wenige Ausnahmen hat kaum jemand ein Interesse daran, dass Beziehungen und meist vertraulich geführte Dialoge zwischen Politikern, Journalisten und Verlegern breiter thematisiert werden. Medien sehen sich als Subjekte der Berichterstattung, nicht als Objekte.

Auch Reinhold Mitterlehner musste das erfahren. Der Oberösterreicher arbeitete als ÖVP-Vizekanzler gemeinsam mit dem Koalitionspartner SPÖ daran, die Ausgaben für Inserate zumindest zu dämpfen. Nachdem er 2017 von Sebastian Kurz als Parteichef demontiert worden war, schrieb er sich 2019 in einem Buch den Ärger über vieles von der Seele. Mitterlehner besuchte Talkshows, gab Interviews. Überall, auch in Rezensionen zum Buch, stießen seine offenen und kritischen Beiträge zum Verhalten seiner Partei während der Flüchtlingskrise und zu den internen Ränkespielen sowie sein Vorwurf der zunehmenden Ideologielosigkeit auf Interesse. Ein Kapitel wurde von den Journalisten jedoch durch die Bank ausgespart. Titel des Abschnitts: „Medien und Politik".

Darin beschrieb Mitterlehner unter anderem den Erpressungsversuch eines namentlich nicht genannten Verlegers, der geschönte Berichte für großzügige Buchungen angeboten haben soll. Und er kritisierte die seiner Wahrnehmung nach zu große Nähe zwischen Journalisten und Regierenden. Sein Befund: Die Unterscheidung, wo die Berichterstattung endet, die Kommentierung anfängt und ab wann es um eine Art Mitwirkung in der Politik geht, sei in Österreich „nicht mehr wirklich wahrnehmbar".[66]

Das Thema beschäftigte Mitterlehner auch bei einer Buchpräsentation. Am 17. April 2019, 74 Jahre nach Gründung der ÖVP, luden er und sein Verlag Medien ins Veranstaltungszentrum des Presseclubs Concordia im Wiener Regierungsviertel. Die Journalisten kamen in großer Zahl, stellten viele Fragen zur Machtübernahme Sebastian Kurz' in der ÖVP und zur Koalition der ÖVP mit der FPÖ. Mitterlehner war in Redelaune, das Ereignis war nach den klassischen Kriterien für Nachrichten spannend. Dass ein ehemaliger Parteichef und Vizekanzler seine Nachfolger hart kritisiert, kommt selten vor. Nach etwa 45 Minuten launig-freundlichem Austausch mit dem Publikum verabschiedete sich der damals 63-Jährige aber doch mit einem bissigen Schlusssatz: „Die Rolle von Medien und Politik habe ich auch in dem Buch dargestellt. Dazu gab es komischerweise keine einzige Frage."

Gleich eine ganze Reihe von Fragen zum Thema stellte im selben Jahr aber der Rechnungshof. Die meisten von ihnen konnten sich die Prüfer in ihrem Bericht über die „Forschungs- und Wissenschaftskommunikation" in Österreich auch gleich selbst beantworten.[67] Allerdings fand das Dokument kaum mediale Aufmerksamkeit. Einzig die Austria Presseagentur verschickte am 11. Oktober 2019 eine Meldung an ihre vor allem aus Zeitungsredaktionen bestehenden Abonnenten, dass die Kontrollore eine „gemeinsame Strategie zu Bewerbung von Forschung" empfehlen. Die monatelange Arbeit des Prüfteams versandete, wurde sprichwörtlich zu den Akten gelegt.

Dabei hatten sich die Mitarbeiter der Behörde für das Thema richtig ins Zeug gelegt, in Kleinarbeit die Bücher von Bildungs-, Verkehrs- und Wissenschaftsministerium durchforstet und dafür extra einen durchaus aussagekräftigen Betrachtungszeitraum (2013–2017) gewählt, um die Ergebnisse belastbar zu machen. Schließlich sollte niemand sagen können, beim abschließenden Befund handle es sich nur um eine Momentaufnahme.

Und der Befund war deutlich. Stark vereinfacht und auf den Punkt gebracht stellten die Autoren des Berichts fest, dass die Beauftragung von Inseraten im Gegenwert von vielen Millionen Euro häufig ohne jeglichen Plan geschah, also ohne dass klar war, mit welchem Ziel diese oder jene Kampagne in genau dieser oder jener Zeitung gebucht wurde. Auf der Mängelliste hielten sie fest, dass mangels dokumentierter Ziele auch die Wirkung von teuren Kampagnen nicht überprüft wurde. Ein Instrument, das normale Mediaplanung außerhalb des öffentlichen Sektors sehr wohl einsetzt.

Ein besonderer Fund gelang Österreichs obersten Innenrevisoren bei der Durchleuchtung der gängigen Vergabepraxis. Insgesamt untersuchten sie für den Bericht Schaltungen im Wert von etwa 17 Millionen Euro. Dazu muss man wissen, dass die genannten Ministerien eher zu den kleineren Werbern innerhalb der Bundesregierung gehören. Knapp drei Viertel der Summe, nämlich 13 Millionen Euro, wurden direkt an bestimmte Zeitungen vergeben, ohne Vergleichsangebote einzuholen oder gar eine Ausschreibung durchzuführen. Bei der Durchsicht der Details fiel den Rechnungshof-Mitarbeitern auf, dass sich die einzelnen Aufträge fast vollständig im Bereich von unter 100.000 Euro bewegten. Das ist deshalb interessant, weil das jene

Summe ist, ab der öffentliche Stellen einen Auftrag ausschreiben müssen. Bestand da ein Zusammenhang?

Das Prüfteam grub tiefer, tauchte immer weiter in eine Materie ein, in der es um viel Steuergeld geht, das von den jeweiligen Ressortspitzen nahezu freihändig vergeben werden kann. Bei der Durchleuchtung der größeren Kampagnen fiel ihnen auf, dass selbst bei eindeutig zusammenhängenden Inseraten, die im Rahmen einer geschlossenen Aktion eingekauft wurden, die Kosten nicht aufsummiert, sondern gestückelt wurden. So blieben die Auftragssummen stets unter der magischen Schwelle von 100.000 Euro.

Um die Probe aufs Exempel zu machen, gingen sie auch einem konkreten Fall im Oberschwellenbereich nach. Dabei prüften sie eine Inseratenserie des Verkehrsministeriums, die mit einem Auftragswert in Höhe von 160.000 Euro verbucht wurde und für die dennoch keine Ausschreibung stattfand. Warum? Alle betroffenen Ministerien argumentierten, dass die Beauftragung von Medien mit der Schaltung von Inseraten grundsätzlich vom Bundesvergabegesetz ausgenommen sei und solche Ausschreibungen für die Vergabe von Werbeaufträgen nicht „zweckmäßig", also unpraktisch wären.

Eine Auffassung, der das Prüfteam in seinem Fazit genauso trocken wie entschieden widersprach: „Die Grundsätze des Bundesvergabegesetzes wären auch bei Medienbeauftragungen bzw. der Schaltung von Inseraten einzuhalten." Seit diesem Befund ruht der 77 Seiten starke Bericht unberührt in den Archiven der Republik.

Dennoch waren die obersten Organe der Bundesverwaltung in der Sache nicht untätig. Von der Öffentlichkeit zunächst unbemerkt bereitete man ausgerechnet im Jahr 1 der Corona-Krise ein Vergabeverfahren für Regierungswerbung vor, dessen Umfang das Land so noch nicht gesehen hatte. Bekannt wurde es eher zufällig im Herbst 2020, als die Unterlagen für die Ausschreibung auf einschlägigen Internet-Portalen in ganz Europa für jedermann frei abrufbar waren. Eine kurze, intensive Debatte flammte auf, die sich überwiegend in den Blasen der sozialen Medien wie Twitter und Facebook abspielte. Die Kritik, die Journalisten äußerten, hatte eine zentrale Stoßrichtung: Wie ist es zu rechtfertigen, dass sich die Regierung 210 Millionen Euro für „Eigen-PR" leistet, gleichzeitig aber jeweils eine halbe Million Österreicher arbeitslos oder in Kurzarbeit ist?[68]

Tatsächlich ist die Sache etwas komplizierter und ergibt erst dann Sinn, wenn man das Vorhaben mit dem verkannten Rechnungshofbericht aus dem Jahr 2019 verknüpft. Die nach außen hin zeitgemäße und moderne Konstruktion kann nämlich dazu verwendet werden, im Rahmen einer transparent anmutenden Hülle genau so weiterzumachen, wie es das Prüfteam der Revisionsbehörde bemängelte: nämlich nach eigenem Gutdünken. Das funktioniert dann in etwa so: Die Vorgänge, um die es geht, laufen in der Bundesbeschaffungsgesellschaft – sie führt für die Republik unzählige Ausschreibungen aller Art durch – unter den internen Aktenzeichen „GZ 5202.03685" und „GZ 5202.03733". Verfahren 1 beinhaltet „Kreativagenturleistungen" im Wert von bis zu 30 Millionen Euro für die Jahre 2021 bis 2024. Das umfasst Kampagnenplanung, die Produktion von Werbemitteln und vieles mehr. Über allem steht der Wunsch des Auftraggebers (der Bundesregierung), damit „das Beste aus beiden Welten" zu promoten. Das ist genau jener Slogan, mit dem Sebastian Kurz einst das Arbeitsprogramm der türkis-grünen Koalition der Öffentlichkeit präsentiert hat.

Das finanziell größere und für das Verhältnis zwischen Politik und Medien erheblich bedeutendere Projekt verbirgt sich im zweiten Paket. Unter der Überschrift „Mediaagenturleistungen Bund" hat die Regierung ein Paket im Gegenwert von 180 Millionen Euro geschnürt. Der Erbringungszeitraum erstreckt sich über vier Jahre. Zwei Prozent der Summe, das entspricht knapp 4 Millionen Euro, sind als Honorar für die ausgewählten Mediaagenturen vorgesehen. Für die verbliebenen 176 Millionen Euro soll diese Agentur in Absprache mit der Bundesregierung Inserate einkaufen.

Zur Einordnung: Seit Beginn der Meldepflicht für sogenannte Medienkooperationen im Wert von mehr als 5.000 Euro gab die Bundesregierung jährlich zwischen 15 (2015) und knapp 47 Millionen Euro (2020) für Inserate aus. Hätte sie vor, den Rahmenvertrag voll auszuschöpfen, dann entspräche das in etwa einer Stabilisierung auf dem enormen Ausgabenniveau des Corona-Pandemie-Jahres 2020. Zusätzlich zu 8,9 Millionen Euro Presseförderung, zusätzlich zur neuen, mit 15 Millionen Euro dotierten Digitalförderung, die Zeitungsherausgebern, TV- und Radiostationen vorbehalten ist. Die Regierung, die das in Auftrag gab, verteidigte die gewählte Form.

Insbesondere der Juniorpartner in der Koalition, die Grünen. Dabei hatten sich diese in der Vergangenheit als scharfe Kritiker großer Werbekampagnen durch Bundes- oder Landesstellen hervorgetan, dies allerdings stets in der Oppositionsrolle. Ziemlich genau zehn Jahre vorher, im Juli 2010, hatte der heutige Parteichef und Vizekanzler Werner Kogler im Nationalrat per Entschließungsantrag gefordert, „ab sofort auf die Schaltung von jeglichen Inseraten zu verzichten".[69] Im gemeinsamen Boot mit der ÖVP rechtfertigten die Grünen den größten Etat der Geschichte nun damit, dass man solche Leistungen „erstmals transparent ausschreibe", wie Klubobfrau Sigrid Maurer festhielt. Und wieder sei es niemandem recht, klagte sie.[70]

Tatsächlich ist es jedoch so, dass bis auf die Höhe der Rahmenverträge selbst (30 und 180 Millionen Euro) nichts mehr transparent und nachvollziehbar sein wird. Dem Wunsch des Rechnungshofes, die Regierung möge künftig bei Werbeschaltungen das Vergabegesetz befolgen, wird damit zwar entsprochen. An der Praxis, dass Schaltungen nach Gutdünken und ohne vorherige Zieldefinition vergeben werden können, muss sich dennoch nichts ändern. Wie geht das?

Nun, die beauftragten Mediaagenturen – Ende April 2021 wurde der Zuschlag an die Bestbieter Mediacom, Wavemaker und Media.at erteilt – sind im Rahmen des 180 Millionen-Euro-Pakets für Rahmenvereinbarungen über Schaltungen bei Medien verantwortlich. Sprich: Sie kümmern sich darum, dass sie dort bei Bedarf Platz für Inserate bekommen. In welchem Umfang und in welcher Zeitung, das bestimmt jedoch weiter die Regierung. Geregelt ist das unmissverständlich in Punkt 5.2.3 des Vorgaben-Katalogs. Darin steht: „Der Auftragnehmer [Anmerkung: die Agentur] hat die jeweiligen Medien nach dem festgelegten Mediaplan des Auftraggebers [Anmerkung: die Regierung] lediglich zu buchen." Liegen für die gewünschten Zielmedien keine Kapazitäten im Rahmen der Gesamtvereinbarung (mehr) vor, „so kann der Auftragnehmer [...] auch beauftragt werden, diese Schaltleistungen für den Auftraggeber ressourcenschonend einzukaufen". Oder anders formuliert: Es ist alles andere als ausgeschlossen, dass es über die 180 Millionen Euro hinaus nicht noch zu zusätzlichen Werbeausgaben kommt.

Das geht auch aus anderen Passagen des Vorgaben-Katalogs hervor. Punkt 4.3 regelt die gesetzlich verpflichtende Meldung von Werbebuchungen in die Medientransparenzdatenbank. Die Daten hierfür müssen demnach die beauftragten Mediaagenturen zusammenstellen. Aber nicht nur für jenen Vertragsrahmen, den sie selbst mit der Regierung vereinbart haben, denn: „Der Auftragnehmer kann auch für die Aufbereitung von Schaltkosten von durch ihn nicht eingekaufte Schaltungen beauftragt werden."

In den traditionellen Medien war über diese doch entscheidenden Details kein Wort zu finden. Diese beschränkten sich auf die – siehe oben – naheliegende Kritik, dass das Vorhaben vor dem Hintergrund der hohen Arbeitslosigkeit in Teilen der Bevölkerung auf Unverständnis stoßen könnte.

Spitzenvertreter der Verlagsszene befürworteten das Vorhaben sogar ausdrücklich, zum Beispiel Markus Mair. Der gebürtige Grazer ist Präsident des Verbandes Österreichischer Zeitungen (VÖZ), aber auch Vorstand des nach ORF und Mediaprint („Krone", „Kurier") drittgrößten Medienkonzerns im Land. Bevor er zum Grazer Zeitungsriesen wechselte, war er Generaldirektor der Raiffeisen-Landesbank Steiermark mit alten Verbindungen in die ÖVP-Teilorganisation Bauernbund. Deren Parteizeitung „Neues Land" kommentierte Mairs Wechsel vom einen Chefsessel (Raiffeisen) in den anderen (Styria) einst mit den Worten: „So gesehen kann die ‚Bauernbund-Familie' durchaus stolz sein, das [sic!] einer aus ihrem ‚Stall' vielfach begehrt ist."[71] Der Hintergrund zu diesem Satz: Bis 1994 war Mair Mitarbeiter des steirischen ÖVP-Nationalratsabgeordneten und Bauernbund-Direktors Alois Puntigam.

In seiner Funktion als VÖZ-Präsident stellte Mair einen Tag nach Bekanntwerden des 180-Millionen-Euro-Werbevorhabens fest, dass „die Bundesregierung den richtigen Weg eingeschlagen" habe. Bundeskanzler Sebastian Kurz lobte er namentlich dafür, dass er mit der bisherigen, „nicht kohärenten Werbestrategie des Bundes und der Nichtnutzung von Synergien zum Nachteil der Steuerzahler bricht und die Kampagnenplanung des Bundes auf neue Beine stellt". Mit folgender Begründung: „Die [...] Auslagerung der Mediaplanung an eine Mediaagentur führt zu mehr Professionalität."

Mair nahm nicht Bezug darauf, dass im Vorgabenkatalog der Ausschreibung eigentlich das genaue Gegenteil steht. Zur Erinnerung: „Der Auftragnehmer hat die jeweiligen Medien nach dem festgelegten Mediaplan des Auftraggebers lediglich zu buchen." Warum nahm er darauf keinen Bezug? Weil ihm die entsprechende Passage zum Zeitpunkt seiner Äußerung nicht vorlag, erklärte er auf Nachfrage im Rahmen der Recherchen zu diesem Buch. Und fügte hinzu: „Wir als Verband, die Medien, die Öffentlichkeit, die Opposition, die Verwaltung und Medienwissenschaftler werden sich den Vollzug sehr genau ansehen und kommentieren, wenn es denn so weit ist."

Die gesamte Berichterstattung über das 210 Millionen Euro schwere Werbe- und PR-Paket (30 Millionen Euro Kreativleistungen, 180 Millionen Euro Werbung) zeigte, wo in der österreichischen Medienlandschaft die Grenzen zwischen den unterschiedlichen Interessen verlaufen. Hier die Verleger und Journalisten, deren klassische Presse jährlich viele Millionen Euro an Subventionen und Inseratenschaltungen erhält. Dort die Gruppe der „neuen" Internetmedien, für die in der Regel nicht einmal Brosamen übrig bleiben. Anders als die Großen kritisierten sie die neue Medienstrategie der Regierung hart. Sehr hart. „Zackzack.at", der Web-Boulevard des ehemaligen Abgeordneten Peter Pilz, schrieb von der „Türkis-grünen Inseraten-Schleuder"[72]. „Neuezeit.at", die Web-Neugründung der ehemaligen SPÖ-Parteizeitung „Neue Zeit", sprach sehr deutlich an, worum es nach Einschätzung der Redaktion eigentlich geht: „Viele Zeitungen könnten ohne das Werbegeld der Regierung nicht überleben. Medien werden immer abhängiger."[73] Und der selbstständige Polit-Blogger Johannes Huber („diesubstanz.at") diagnostizierte überhaupt eine „Kriegserklärung an den Journalismus".[74]

Andere Kanzler, andere Sitten

„Die Pressefreiheit ist wesentliche Grundlage für den österreichischen Journalismus, der ein unverzichtbares Standbein unserer Demokratie und essenziell im Kampf gegen Desinformation ist."[75] Die Bedeutung freier Medien ist Bundeskanzler Sebastian Kurz genauso bewusst wie seinen Amtsvorgängern. Er bekräftigt das regelmäßig, mündlich und schriftlich. Seine Partei, die ÖVP, hat in der Vergangenheit die Bedeutung der Medien für den Staat genauso oft wie alle anderen Fraktionen im Nationalrat hervorgestrichen. Gemeinsam mit den Grünen bekannte man sich im Rahmen eines Koalitionsvertrages auch im entsprechenden Abkommen dazu: „Wir bekennen uns zu einer Medienpolitik, die Grundwerte wie [...] Unabhängigkeit [...] und Pressefreiheit [...] sicherstellt und fördert."[76]

Unabhängigkeit. Einer der wichtigsten Werte, die Medien in einer Demokratie vertreten können. Unabhängigkeit steht auch für Glaubwürdigkeit beim eigenen Publikum. Es ist kein Zufall, dass viele österreichische Zeitungen diesen wichtigen Bestandteil ihrer DNA auf das Titelblatt drucken, Tag für Tag, seit vielen Jahren. „Krone", „Kurier", „Österreich", „Standard", „Oberösterreichische Nachrichten", „Tiroler Tageszeitung" und „Salzburger Nachrichten" tun das. Was nicht bedeutet, dass die anderen weniger Wert darauf legen, im Gegenteil. Viele Zeitungen und Zeitschriften haben ein Redaktionsstatut. In solchen Dokumenten ist meistens die freiwillige Selbstverpflichtung festgehalten, dass die Redaktion unabhängig von möglichen kaufmännischen Einflüssen aus anderen Bereichen des Unternehmens ihrer Arbeit nachgehen kann. „Die Presse" hat ein solches Statut, seit 2015 aber auch die „Wiener Zeitung", die im Eigentum der Republik steht. Für Journalisten sind Redaktionsstatuten oft wichtige Instrumente in der permanenten Auseinandersetzung um Einfluss auf die Berichterstattung aus dem eigenen Haus. Immer wieder entstehen so in Medienhäusern Situationen, in denen sich die Interessen von Redaktion, Geschäftsführung oder Teilhabern widersprechen. Berichterstattung, wie die Redaktion es für angemessen hält, ist ein ständiger Kampf.

Letztendlich sind Zeitungen und Verlage nämlich Unternehmen. Und wer über das Geld verfügt, entscheidet. Meistens nicht im Einzelfall, aber in den großen Linien. Vor allem dann, wenn das Geld knapper wird. Wenn, wie in der Zeitungsbranche, die Werbeerlöse insgesamt zurückgehen, gewinnen die verbliebenen und zahlungskräftigen Kunden zusehends an Bedeutung. Dadurch entstehen Druck und Einfluss, dem sich Medienhäuser und Redaktionen – auch mit Redaktionsstatut – nicht entziehen können. Österreichs Bundesregierung ist genau so ein (Werbe-)Kunde, dessen Stellenwert in den vergangenen Jahren für die Jahresbudgets der Zeitungen zusehends wichtiger wurde. Diese zunehmende Bedeutung hat auch mit dem

Amtsverständnis des jeweiligen Bundeskanzlers zu tun. Die Werbeausgaben der unterschiedlichen Regierungen unterscheiden sich insgesamt und in den Details nämlich erheblich.

Trotz der Versicherung von Regierungschefs und Chefredakteuren: Die Unabhängigkeit von Zeitungen gerät gerade in Österreich zusehends in Gefahr. Dieser Befund kommt aus der Schweiz. Dort, im Wirtschaftsressort der „Neuen Zürcher Zeitung", arbeitet der Volkswirt, Honorarprofessor und Experte für Medienökonomie, Matthias Benz. Er beschäftigt sich seit Jahren unter anderem damit, die wechselseitigen Beziehungen zwischen Medien und Politik zu untersuchen. Und zwar mit den wissenschaftlichen Werkzeugen der Medienökonomie. Das, was man in dieser Disziplin zum Thema weiß, lässt vor allem das heimische System als problematisch erscheinen. „Die Vereinnahmung der Medien durch die Politik ist viel einfacher, wenn ihre kommerziellen Einnahmen sinken", sagt er. Medienökonomische Studien aus den USA würden zeigen, dass Zeitungen umso unabhängiger berichten, je mehr kommerzielle Anzeigenkunden sie haben. In Österreich hingegen, das ist messbar, nimmt die Bedeutung von Schaltungen der Politik zu. Eine Einschätzung, die Benz auch an der Universität Wien vortrug. Im Abschnitt zur Presseförderung wurde bereits darüber berichtet.

Über konkrete Beispiele von inseratebedingten Einflussnahmen (oder Versuchen) dringt aus den Redaktionen selbst selten etwas an die Öffentlichkeit. Und wenn, legen die Betroffenen fast immer Wert darauf, dass Medium und Anlassfall nicht identifizierbar sind. Manchmal aber tauschen sich Chefredakteure zumindest auf allgemeiner Ebene dazu aus. So wie im Sommer 2020 im Presseclub Concordia. Dabei fiel auf, dass die Befunde stark von der Perspektive der Diskussionsteilnehmer abhingen. Martina Salomon vom „Kurier" schilderte, dass die aggressivsten Interventionen in Bezug auf Werbegeschäfte nicht aus der Politik, sondern aus der Wirtschaft kämen. Hubert Patterer („Kleine Zeitung") hingegen erzählte, dass die ohnedies schwierige Balance zwischen Nähe und Distanz vor dem Hintergrund wichtiger Werbeaufträge gerade in den Bundesländern oftmals noch schwieriger sei als in Wien. Und berichtete von ganz offenen

Drohungen gegenüber seinem Blatt, dass bei Unbeugsamkeit Medienkooperationen, also Inserate, einfach gestoppt würden. „Da kommt es dann auf die innere Robustheit und den Charakter eines Hauses an, wie man mit solch einem Druck umgeht."

Druck, der zusehends größer wird, Jahr für Jahr, denn der Werbe-markt stagniert, ging im Jahr 2020 aufgrund der Corona-Pandemie sogar zurück. Ein Grund dafür ist, dass mehr und mehr Unterneh-men ihre Werbung über die Online-Riesen Google, Facebook & Co. schalten. Punktgenau in die Zielgruppe. Das bringt Österreichs Zei-tungen, die sich im internationalen Vergleich bei den Leserzahlen bis-her vergleichsweise robust zeigten, finanziell gehörig unter Druck. Rückläufige Leser- und Abonnentenzahlen sind mittelfristig eine Be-drohung, wenn gleichzeitig jedoch auch die Werbeeinnahmen stag-nieren oder zurückgehen und die Löhne steigen, dann geht es um die Existenz. Im Laufe der vergangenen zehn Jahre stiegen allein die kol-lektivvertraglich festgelegten Mindestlöhne in Österreich um 23 Pro-zent.[77] Gleichzeitig sank die Zahl der Leser von Tageszeitungen von 5,3 auf 4,4 Millionen Personen.[78] Der Markt für Print-Werbung blieb gleich. Damals wie heute werden in diesem Segment jährlich Inserate mit einem (Listenpreis-)Wert von 1,8 Milliarden Euro umgesetzt.[79]

Auch wenn dieser Markt insgesamt und im Vergleich zu Fern-sehen, Radio oder Online nach wie vor ein großer ist: Für Verleger stellen die genannten Entwicklungen eine wirtschaftlich explosive Mischung dar. In der Finanzierung von Zeitungen entsteht so näm-lich eine Lücke, in die seit einigen Jahren die Politik stößt. Bewusst und gezielt, oder eher zufällig?

Die Daten dazu sprechen eine eindeutige Sprache. Es gibt in Österreich die klare Tendenz, dass Regierungen Jahr für Jahr mehr Geld in den Medienmarkt pumpen. Insbesondere in den Markt für Zeitungen. Während sich also die „normale" Werbewelt an die neuen Gegebenheiten anpasst, digitaler wird, Werbeetats umschichtet, er-höht die Bundesregierung ihre Ausgaben in einem Mediensegment, das schrumpft. Zwar von einem hohen Niveau aus, aber eben doch deutlich. Genau genommen widerspricht das gleich mehreren grund-legenden Prinzipien und sogar Gesetzen. Wie soll man den Umstand, dass sachliche Bürgerinformation der immer kleiner werdenden

Gruppe von Zeitungslesern vorbehalten bleibt, sonst umschreiben, wenn das Medientransparenzgesetz eigentlich nur Inserate für sachliche Bürgerinformation zulässt? Oder anders formuliert: Österreichs Bundesregierung gibt drei Viertel ihres Werbegeldes dafür aus, um nur die Hälfte der Bevölkerung zu informieren. Wie passt dieses Vorgehen mit dem Beamtendienstrecht zusammen, das einen „zweckmäßigen, wirtschaftlichen und sparsamen" Umgang mit Steuergeld einfordert und für all jene gilt, die im Auftrag der Regierung besagte Inserate einkaufen? Und: Sollte hinter dem großzügigen Schalten von teils äußert fragwürdigen Sachinformationen (im vorangegangenen Kapitel ist das dokumentiert) eine informelle Form der Presseförderung stehen – warum schüttet ein Staat eine solche Förderung dann nicht unter dem Titel „Förderung" aus, sondern als beliebig buchbares Inserat? Fragen über Fragen. Eine der interessantesten unter ihnen: Die Information der Bürger mithilfe der gesetzlich zulässigen Sachinformationen müsste unterschiedlichen Regierungen eigentlich jeweils gleich wichtig sein. Ist sie das? Die Antwort lautet: Nein.

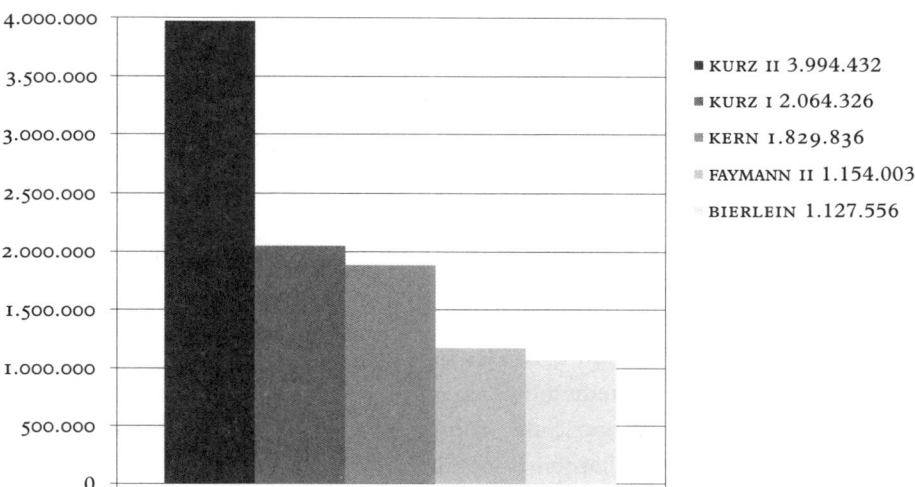

Werbeausgaben pro Monat in Euro

- KURZ II 3.994.432
- KURZ I 2.064.326
- KERN 1.829.836
- FAYMANN II 1.154.003
- BIERLEIN 1.127.556

Ausgaben für Inserate nach Regierung pro Monat. Beobachtungszeitraum: Q3/2012–Q2/2021. Da die Medientransparenzdaten nur pro Quartal vorliegen, wurde bei einem Regierungswechsel das Quartal jenem Kabinett zugeschlagen, das mehr als die Hälfte des Zeitraums die Geschäfte führte.
(Quelle: KommAustria/RTR, FH Joanneum)

Die Daten, die die Ministerien quartalsweise der Kommunikationsbehörde melden, zeigen, dass die Bundeskanzler Österreichs unterschiedlich großen Wert auf die Darstellung der eigenen Arbeit in Form von Werbung legten und legen. Dabei fällt eine Reihe von Details auf. Zum Beispiel, dass die von Sebastian Kurz geführten Regierungen die Plätze 1 und 2 belegen. Und nicht das Kabinett des für seine „Inseratepolitik" so heftig kritisierten Werner Faymann. Dies gilt trotz des für den Steuerzahler extrem teuren Werbe-Jahres 2013. Damals bereiteten sich alle Ressorts der Regierung mit enormen Summen auf die Nationalratswahlen Ende September vor. Allerdings mit der Konsequenz, dass die Werbeetats von Kanzleramt und Ministerien in den Folgejahren deutlich, nämlich um knapp ein Drittel, von 22 auf 15 Millionen Euro gekürzt wurden.

Bemerkenswert erscheint ebenfalls, dass sich ausgerechnet das Kabinett des ehemaligen ÖBB-Vorstands Christian Kern mit höheren monatlichen Werbeausgaben in die Liste einreiht als das seines als „Boulevardkanzler" titulierten Vorgängers. Und das, obwohl Kern und Vizekanzler Reinhold Mitterlehner (ÖVP) in Sachen Inserate eigentlich sparen wollten. Allerdings besteht eine Bundesregierung nicht nur aus dem Kanzler, sondern aus einer Vielzahl von Ministern mit zum Teil höchst unterschiedlichen Interessen und auch jeweils anderem Parteihintergrund. Zumindest im unmittelbar eigenen Verantwortungsbereich, dem Bundeskanzleramt, gab Christian Kern weniger Geld für Werbung aus als sein Vorgänger Faymann, nämlich 187.000 statt 222.000 Euro pro Monat.

Im Vergleich geradezu frugal war das Verhältnis zwischen Bundeskanzlerin Brigitte Bierlein und den Verlegern. Unter ihrer Ressortführung gab die oberste Regierungsbehörde lediglich 7.000 Euro im Monat für Inserate aus. Das finanziell zurückhaltende Auftreten der parteipolitisch unabhängigen Expertenregierung unter der ehemaligen Verfassungsrichterin schlug sich auch in allen anderen Ressorts nieder. 1,13 Millionen Euro für Inserate im Monat markierten trotz der noch zu erfüllenden Verträge der Vorgängerregierung Kurz 1 einen noch nie gesehenen Tiefstwert. Die Journalisten der Rechercheplattform „Dossier" bezeichneten die kurze Periode der werblichen Zurückhaltung als „Bierlein-Effekt".[80] Die Regierung selbst kommentierte ihr Vorgehen weit weniger blumig. Man könnte sogar sagen:

INSERATE VOM STAAT: SPIELGELD FÜR REGIERENDE

beamtentypisch trocken. Alexander Winterstein übte damals die Funktion des zentralen Regierungssprechers aus. Er erklärte die geringen Ausgaben damals damit, dass laufende Verträge zwar noch erfüllt würden, aber „darüber hinaus sind wir zurückhaltend und machen das, was notwendig ist".

Notwendig erschien im Anschluss vor allem dem Kabinett Kurz II einiges. Im Zuge der Covid-19-Pandemie überzog die Koalitionsregierung von ÖVP und Grünen das Land mit einer Flut von Zeitungsinseraten von unterschiedlich starker Aussagekraft. Durchschnittlich 3,9 Millionen Euro im Monat (Jänner 2020 bis Juni 2021) waren mehr als doppelt so viel, als die Regierung unter Werner Faymann ausgegeben hatte. Knapp die Hälfte davon floss aus dem unmittelbaren Einflussbereich von Sebastian Kurz, dem Bundeskanzleramt, an die Verlage.

Doch in einer Regierung ist es nicht der Regierungschef allein, der darüber bestimmt, in welchem Ausmaß und vor allem in welcher Zeitung die Bevölkerung über die Arbeit der obersten Verwaltung des Staates informiert werden soll. Es wäre zu einfach, die Gesamtausgaben einer Periode jeweils immer den Interessen des Kanzlers allein zuzuordnen. Vor allem dann, wenn dieser nur Teil einer Koalitionsregierung ist und sich die medialen Vorlieben und Wünsche des Koalitionspartners von jenen des Regierungschefs unterscheiden. Und das tun sie meistens sehr deutlich. Wühlt man sich durch die endlos langen und unübersichtlichen Zahlenkolonnen der Medientransparenzdatenbank in Bezug auf die Ausgaben einzelner Minister und Ressorts, sortiert und analysiert man sie, tun sich offensichtliche Interessen auf. Man sieht, wie ihr Verhältnis zu den einzelnen Zeitungen war, und kann erkennen, ob sie bei den Werbeausgaben im Vergleich zu den Vorgängern und Nachfolgern eher zurückhaltend oder ausgabefreudig agiert haben. Der Schwerpunkt der Recherche lag grundsätzlich auf den eher inseratefreundlichen Ressorts und auf Ministerien, die seit Beginn der Aufzeichnungen in der Medientransparenzdatenbank (1. Juli 2012) Minister aus unterschiedlichen Parteien hatten.

Der Gedanke, dass die Parteizugehörigkeit und damit die politisch-ideologische Verortung des Amtsinhabers etwas mit seinem

Werbeverhalten zu tun hat, bestätigte sich. Denn auch Österreichs Zeitungen verorten sich selbst häufig innerhalb des ideologischen Koordinatensystems auf unterschiedliche Art und Weise. Erschwert und zum Teil verunmöglicht wurde der Vergleich in manchen Ministerien dadurch, dass sich die inhaltliche Zuständigkeit so stark veränderte, dass aussagekräftige Zeitreihen und Zuordnungen von Werbeausgaben nicht mehr möglich waren. Solch ein Beispiel ist das traditionell werbestarke Sozialministerium, das seit 2012 in den unterschiedlichsten Konstellationen mit den ebenfalls vergleichsweise bedeutenden Ressorts Gesundheit und Arbeit verbunden oder getrennt war. Unproblematisch war die Veränderung im Verteidigungsministerium: Die zeitweise Zuständigkeit für den Geschäftsbereich Sport machte nur einen sehr geringen Teil des Gesamtbudgets aus.

Ein Blick ins Finanzministerium zeigt, dass auch Minister aus ein und derselben Partei ein höchst unterschiedliches Verhältnis zu den Medien des Landes haben. Seit Beginn der Aufzeichnungen waren dort – bis auf das zweite Halbjahr 2019, als der Beamte Eduard Müller das Ressort im Rahmen der Expertenregierung führte – ÖVP-Minister am Werk. Insgesamt ist die Schatzkammer der Republik deshalb für die Verlage ein bedeutender Geschäftspartner, weil sie bis zum Ausbruch der Corona-Pandemie das ausgabenfreudigste Ministerium in Bezug auf die Schaltung von Zeitungsinseraten war, trotz enormer Unterschiede zwischen den Amtsinhabern.

Klar und deutlich zu erkennen ist, dass sich mit dem Wechsel innerhalb der Volkspartei von den klassischen „Schwarzen" auf die türkise Führungsmannschaft rund um Sebastian Kurz auch das Werbeverhalten im Finanzressort fundamental geändert hat. Der alten Riege schien Werbung in Zeitungen vergleichsweise wenig zu bedeuten. Die Minister Maria Fekter, Michael Spindelegger und Hans Jörg Schelling überwiesen den Medien Monat für Monat ähnliche und nach heutigen Verhältnissen geringe Beträge in der Größenordnung zwischen 118.000 und 196.000 Euro.

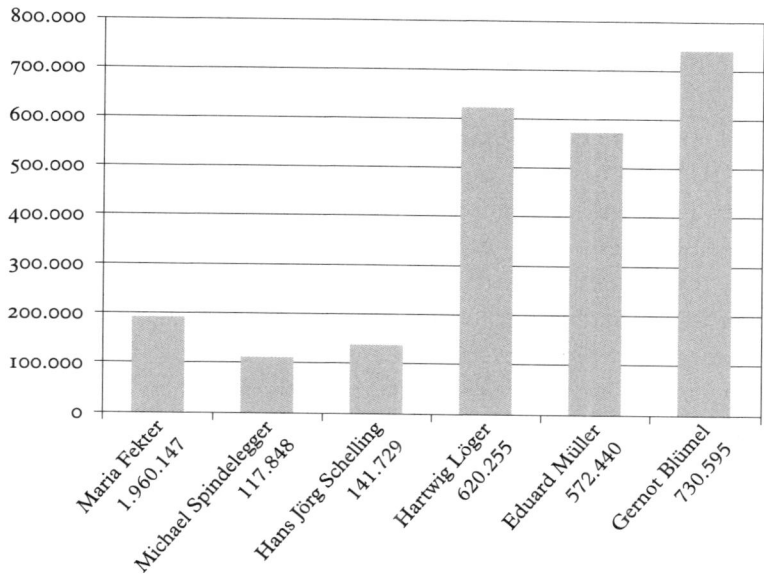

Monatliche Ausgaben für Werbung von Finanzministern in Euro,
Juli 2012 bis Juni 2021 (Quelle: KommAustria/RTR, FH Joanneum)

Mit dem Amtsantritt von Hartwig Löger in der Regierung Kurz I
explodierten die Werbeausgaben des Ressorts plötzlich, und zwar auf
über eine halbe Million Euro pro Monat. Erstaunlich zeitungsaffin
zeigte sich auch Kurzzeit-Beamtenminister Eduard Müller. Nach
dem Scheitern der ÖVP-FPÖ-Koalitionsregierung aufgrund des sogenannten „Ibiza"-Skandals fuhr die Beamtenregierung von Kanzlerin
Brigitte Bierlein in praktisch allen Ressorts die Werbeausgaben für
sechs Monate massiv zurück. Manche stellten diese, so vertraglich
möglich, gar auf null. Nicht Eduard Müller, der zuvor einige Jahre in
Spitzenfunktionen des Hauses tätig gewesen war. Mit der Amtsüber-
nahme von Gernot Blümel, einem Vertrauten von Sebastian Kurz,
stiegen die Inseratengeschäfte noch einmal deutlich an. Interessant
daran ist die Besetzung der Abteilung für Öffentlichkeitsarbeit und
Kommunikation im Finanzministerium, und zwar gleich in zwei
Punkten. Erstens: Geleitet wird diese von Johannes Pasquali. Er entscheidet im Auftrag von Sebastian Kurz in der Presseförderungskommission mit, wer wie viel Geld aus diesem weiteren Titel öffentlicher
Medienfinanzierung erhält. Zweitens: Mitarbeiterin von Pasquali in

der Abteilung für Kommunikation ist Susanne Thier, Lebensgefährtin von Sebastian Kurz. Ihre Aufgaben dort laut amtlicher Personaleinteilung: „Angelegenheiten der Beschaffung für Öffentlichkeitsarbeit, Kommunikation und Protokoll".[81]

Auffällig ist das Schaltverhalten des fest in ÖVP-Hand befindlichen Finanzressorts in den Details. Darin erkennt man weniger, welches Blatt besonders bevorzugt wird (die großen Blätter profitieren alle ihren Reichweiten entsprechend), sondern vielmehr, wer ganz offensichtlich „bestraft" wird. Der „Kurier" zum Beispiel, der trotz bundesweiter Erscheinungsweise und 6,7 Prozent Reichweite seit 2012 nur einen Anteil von 3,9 Prozent (1,5 Millionen Euro) an allen Schaltungen des Hauses hat. Auch den „Standard", der immer wieder kritisch und distanziert über die Budgetpolitik des Landes berichtet, hält das Finanzministerium im Rahmen seiner Werbe- und Informationsaktivitäten kaum für relevant. Obwohl er mit 526.000 Lesern inzwischen mehr Publikum als der „Kurier" auf sich vereint, verbuchte das Blatt der Herausgeberfamilie Bronner zwischen 2012 und Juni 2021 gerade einmal 738.517,35 Euro aus dem Topf des Hauses. Zum Vergleich: „Die Presse", die mit 323.000 Lesern[82] deutlich weniger Publikum erreicht, erhielt mit 1.764.930,46 Euro laut Transparenzdatenbank mehr als doppelt so viel. Nur mit Unterschieden in der Zusammensetzung in der Leserschaft ist diese deutliche Differenz nicht zu erklären.

Als besonders lohnend erwies sich die Betrachtung des Werbeverhaltens des Verkehrsministeriums, das seit Anfang 2020 amtlich eigentlich Ministerium für Klimaschutz, Umwelt, Energie, Mobilität, Innovation und Technologie heißt. Das Haus gehört nämlich nicht nur zu den größten Werbern innerhalb der Regierung, sondern hat seit Beginn der Aufzeichnungen in der Medientransparenzdatenbank Minister unterschiedlichster Parteien erlebt. Auf eine ganze Serie von SPÖ-Ministern (Alois Stöger, Gerald Klug, Jörg Leichtfried) folgte der Freiheitliche Norbert Hofer, der politisch und in der Außendarstellung (Inserate) eine ganz andere Linie verfolgte. Der nächste bedeutende Stilwechsel folgte – nach einer kurzen und sparsamen Zeit unter zwei Beamtenministern – mit Leonore Gewessler von den Grünen. Damit Ausgaben für Zeitungsinserate im Verkehrsministerium überhaupt eine Bedeutung bekommen konnten, hatte es allerdings Werner Faymann gebraucht. Daran erinnert sich ein langjähriger Beamter des Hauses, der dort eine Karriere von unten bis ganz oben durchlaufen und im Laufe der Jahre eine Vielzahl an Ministern erlebt hat. Aus Gründen des Selbstschutzes ersuchte er darum, seine Identität gegenüber der Öffentlichkeit nicht offenzulegen. „Vor Faymanns vergleichsweise kurzen Ära von knapp zwei Jahren gab es kaum Schaltungen, und wenn, dann sehr gezielt und mit konkreten Absichten", erinnert sich der Beamte. So zum Beispiel Kampagnen zur Bewusstseinsbildung im Straßenverkehr, etwa für das Anlegen von Sicherheitsgurten in Autos. Faymann hingegen warb nicht nur insgesamt mehr, sondern auch für sich selbst. Und ließ dies zumindest teilweise auch von anderen tun, zum Beispiel von den ÖBB. Während seiner Zeit im Verkehrsressort erschien unter anderem eine alle zwei Wochen in der „Kronen Zeitung" abgedruckte Serie zu Bahnthemen. Auf den doppelseitigen Inseraten gab es jedoch auch Interviews mit Faymann, in denen er als Ombudsmann für Probleme auftrat. Die Angelegenheit verursachte derart politischen und staatsanwaltschaftlichen Aufruhr (die Ermittlungen wurden eingestellt), dass sich Faymanns Nachfolger zumindest in Sachen ÖBB-Inserate deutlich zurückhalten mussten.

Was jedoch blieb, waren die hohen Werbeausgaben der SPÖ-Minister im Haus. Die Wahrnehmung des Spitzenbeamten des Ressorts deckt sich diesbezüglich mit unseren Auswertungen der Medientransparenzdatenbank. Die Minister Stöger, Klug und Leichtfried gaben im Schnitt 280.000 Euro pro Monat für „Bürgerinformation" in Form von Inseraten aus. Eine Summe, die die Nachfolger deutlich unterschritten und auch anders verteilt hatten.

Der Freiheitliche Norbert Hofer strich die Position um fast ein Drittel auf monatlich 200.000 Euro zusammen und warf die bisherige Orientierung auf Ausgaben nach Reichweite völlig über den Haufen. Während seiner Amtszeit kaufte das Ministerium am meisten Inserate bei den Blättern „Österreich" und „OE24" der Familie Fellner (533.594 Euro). Knapp dahinter die zweite Gratiszeitung, „Heute", mit 477.981 Euro. Die „Krone", die allein und bundesweit deutlich mehr Leser erreicht als diese beiden Zeitungen zusammen, musste sich mit 335.600 Euro zufriedengeben. Nicht weit dahinter folgte bereits die viel kleinere „Presse" mit 239.334 Euro. Für die Bundesländerzeitungen hatte Norbert Hofer in Sachen Inserate-schaltungen nur sehr wenig übrig. Und für den „Standard" – wie bereits kurz erwähnt – gar nichts.

Die aktuelle Chefin im Haus, Leonore Gewessler, setzte noch einmal den Sparstift an, halbierte die monatlichen Ausgaben für Werbung auf 109.000 Euro und richtete die Vergaberichtlinien neu aus. Das stützt den Verdacht, dass das Schalten von Inseraten weniger objektiven und über Amtsperioden hinaus gültigen Kriterien folgt, sondern persönlichen Vorlieben und Beziehungen zu bestimmten Medien oder parteipolitischen Interessen. Wie sonst wäre es zu erklären, dass nach den ersten 18 Monaten ihrer Amtszeit die erheblich reichweitenschwächeren Qualitätsblätter „Standard" (207.913 Euro) und „Presse" (209.444 Euro) vor den Massenblättern „Krone" (195.972 Euro), „Heute" (147.432 Euro) und „Österreich" (128.082 Euro) liegen?

Die Nummer vier in der Liste der werbefreudigsten Ministerien nach Finanzministerium, Bundeskanzleramt und Verkehrsministerium ist das Innenministerium. Ein leitender Mitarbeiter des Hauses, der seine Identität nicht öffentlich bekanntgeben möchte, kennt die Gepflogenheiten seines Ressorts seit vielen Jahren. Seit Beginn seiner Karriere hat er unmittelbaren Zugang zu einer Reihe von Ministern. „Anfangs", erinnerte er sich an die frühen 2000er-Jahre, „waren Inserate noch nicht das Kapital, das im täglichen Spiel mit den Zeitungen eingesetzt wurde. Damals wurde noch viel eher mit Information Politik gemacht. Es wurde also sehr bewusst entschieden, welche Redaktion welche ‚Geschichte' bekommt." Das Verteilen von Geld in Form von Werbeschaltungen setzte seiner Erinnerung nach erst später ein, nämlich als Werner Faymann Kanzler und Johanna Mikl-Leitner (ÖVP) Innenministerin war (seit 2017 ist sie Landeshauptfrau von Niederösterreich). Und ein aufstrebender Jungpolitiker als Staatssekretär für Integration ebenfalls ein Büro im Innenministerium übernahm. Sein Name: Sebastian Kurz.

Interessant an den Innenministern der letzten Jahre ist nicht nur, dass eine ganze Serie von ÖVP-Chefs im Jahr 2018 für etwa eineinhalb Jahre von der Amtszeit Herbert Kickls (FPÖ) unterbrochen wurde, sondern dass sie auch ganz unterschiedliche Vorlieben in Bezug auf

Zeitungsinserate hatten. Dabei war die Längstdienende die mit Abstand Sparsamste. Johanna Mikl-Leitner bevorzugte nicht nur eindeutig die Schaltung in Gratiszeitungen, sondern bediente wie ihr Nachfolger Wolfgang Sobotka die mediale Hausmacht aus dem Heimatbundesland. Bei Mikl-Leitner war das die Tageszeitung „Kurier" (Haupteigentümer: Raiffeisen), bei Sobotka die Wochenzeitung „Niederösterreichische Nachrichten" (Eigentümer: Diözese St. Pölten).

	MIKL-LEITNER	SOBOTKA	KICKL	NEHAMMER
1.	„Heute"	„Kronen Zeitung"	„Kronen Zeitung"	„Kronen Zeitung"
2.	„Österreich"/ „OE24"	„Österreich"/ „OE24"	„Österreich"/ „OE24"	„Österreich"/ „OE24"
3.	„Kronen Zeitung	„Heute"	„Heute"	„Heute"
4.	„Kurier"	„Kurier"	„The Red Bulletin"	„Österreich sicher"
5.	„Die Presse"	„NÖN"	„Die Ganze Woche"	„Kleine Zeitung"

Die Lieblingszeitungen österreichischer Innenminister
(Quelle: KommAustria/RTR, FH Joanneum)

Auch die Nachfolger der beiden, Herbert Kickl und Karl Nehammer, buchten in großem Umfang in Wochen- oder gar Monatstiteln Print-Inserate. Dies ist deshalb ungewöhnlich, weil die Bundesregierung als Ganzes nur sehr selten in anderen Publikationen als Tageszeitungen wirbt. Kickl tat das unter anderem in der Lifestyle-Monatsschrift „The Red Bulletin" aus dem Haus von Red-Bull-Chef Dietrich Mateschitz (230.000 Euro) sowie in der „Ganzen Woche" von Noah Falk (67.000 Euro).

MIKL-LEITNER	SOBOTKA	KICKL	NEHAMMER
137.323,05	251.887,61	201.875,22	252.902,74

Ausgaben für Inserate pro Monat in Euro
(Quelle: KommAustria/RTR, FH Joanneum)

Karl Nehammer hingegen ist jener Innenminister, der bei den drei größten Titeln jeweils fast annähernd gleich viel Geld in Inserate investiert (Jänner 2020 bis Juni 2021 waren das jeweils zwischen einer Million und 841.000 Euro) und einen bedeutenden Anteil des Budgets für einen nur viermal jährlich erscheinenden Gratistitel ausgibt: „Österreich sicher" wird in einer Auflage von 900.000 Stück kostenlos an ausgesuchte Haushalte im Land verteilt. Herausgegeben wird das Heft vom Wiener Echo Medienhaus.

Für Publikum und Bevölkerung, die nicht nur die Zeitungen kaufen, sondern als Steuerzahler auch die darin enthaltenen Inserate finanzieren, erschließen sich die Details über Vorlieben und Geldströme aus den Zahlen der Medientransparenzdatenbank jedoch nicht. Die komplexe Struktur der Daten ist, wie bereits erwähnt, für Menschen mit normalem Zeitbudget nicht zu durchschauen. Darüber hinaus hält sich die Regierung allem Anschein nach nicht einmal an jene Regeln, die sie sich selbst auferlegt hat, und zwar abgesehen von offensichtlichen Verstößen gegen das Medientransparenzgesetz, das nur sachliche und unbedingt notwendige Informationen für die Bevölkerung als Inserate zulässt. Denn eigentlich wollte die Regierung ja seit Einführung der Datenbank Inserate nur noch entsprechend der Reichweite von Zeitungen vergeben. Das war der Plan, den Bundeskanzler Sebastian Kurz Anfang Jänner 2021 zum wiederholten Mal in einem Schriftsatz an das Parlament festhielt. Die einzigen Kriterien, die die Schaltung von Inseraten und deren Verteilung beeinflussen, seien Reichweite (gemessen in Lesern) und Auflage.

Tatsächlich aber, das zeigen die auf den vorangegangenen Seiten dokumentierten Beispiele aus mehreren Ministerien, wird Print-Werbung nach anderen Kriterien vergeben. Wie sonst ist es zu erklären, dass Innenminister Karl Nehammer bei der drittgrößten Zeitung des Landes („Österreich"/„oe24") annähernd das gleiche Volumen schaltet wie bei der „Kronen Zeitung", die mehr als dreimal so viele Leser auf sich vereint? Und welche Erklärung gibt es dafür, dass Norbert Hofer (FPÖ) während seiner Amtszeit in der „Presse" Werbeflächen im Wert von einer Viertelmillion Euro kaufte, für Werbung im „Standard" aber, der laut Mediadaten damals ähnlich viele Zeitungen verkaufte und um 57 Prozent mehr Leser auswies, keinen Cent ausgab?

Die Erklärungen der Politiker und jener, die das behauptete System der gerechten Verteilung erfunden haben, sind nicht schlüssig. Zumindest nicht vor dem Hintergrund der Daten, die die Regierung selbst in die Medientransparenzdatenbank einspeist. Wobei jener Beamte, der eigentlich als der Erfinder dieses Systems gilt, das Ausmaß der Geldflüsse inzwischen sogar selbst als problematisch bezeichnet. Sein Name: Wolfgang Trimmel.

Werner Faymann machte den ehemaligen Pressesprecher des Wiener Bürgermeisters Michael Häupl einst zum Leiter des Bundespressedienstes. Sebastian Kurz entfernte ihn wieder von dort. Erst danach äußerte sich Trimmel erstmals genauso öffentlich wie kritisch zu dem von ihm „erfundenen" System, das offensichtlich nicht nur nicht eingehalten wird, sondern in seiner Dimension entartete. In einem Gastbeitrag für den „Falter" schrieb er: „Es ist ja unstrittig, dass öffentliche Finanzierung und redaktionelle Unabhängigkeit nicht, ohne dazwischen Luft zu holen, ausgesprochen werden sollten."[83]

Polit-Liebkind Boulevard?
Eine Erzählung mit blinden Flecken

Politiker brauchen Medien, die Berichte über ihre tägliche Arbeit ans Volk bringen. In einer Demokratie, in der die unterschiedlichen Ideen und Positionen im Wettstreit stehen, ist das nicht nur normal, sondern notwendig.

In Österreich, so die allgemeingültige Erzählung, würden Politiker noch eine zusätzliche Unterscheidung treffen, nämlich zwischen geliebten und weniger geliebten Zeitungen. Zwischen jenen, die sie mit viel Geld in Form von Inseraten versorgen, und den anderen, die sich um den Rest streiten dürfen. Oder stark vereinfacht formuliert: zwischen bevorzugten Boulevard- und vernachlässigten Regional- und Qualitätszeitungen. Die Erzählung, die da mitschwingt, ist einfach verständlich, wirkt schlüssig und passt in die Gesamtzustandsanalysen vieler Experten, Wissenschaftler, Künstler und Journalisten: Während die Staatsspitze Kritiker verhungern lässt, kauft sie sich mit viel Geld Propaganda für die Massen.

Der Befund, der überwiegend auf den Seiten von Titeln ausgestellt wird, die sich selbst der Gruppe der Benachteiligten zuordnen, ist so alt wie das Regierungsinserat selbst und geht zeitlich ziemlich genau mit dem Aufstieg Werner Faymanns vom Wiener Wohnbaustadtrat zum Verkehrsminister und schließlich Bundeskanzler einher. Und wurde anschließend weiterverwendet – bis heute.

Mit dem Amtsantritt von Sebastian Kurz als Bundeskanzler stiegen die Ausgaben für Inserate der Regierung in der Presse noch einmal deutlich. Schon in seinem ersten Jahr als Regierungschef war das so, die Pandemie-Situation des Jahres 2020 gab dieser Praxis nur einen zusätzlichen Schub. „Regierungsmillionen für den Boulevard"[84], schrieb der „Standard". „Regierungsinserate: Der Boulevard profitiert"[85] der „Falter". „Wie die Regierung den Boulevard mit Steuergeld füttert"[86], erklärte der Autor der „Oberösterreichischen Nachrichten". Auf den Österreich-Seiten der deutschen „Zeit" war zu lesen: „Abhängig wie Süchtige: Um Medien in der Krise zu helfen, werden von der Regierung vor allem Boulevardblätter mit Millionenbeträgen unterstützt."[87] Im Herbst 2020 veröffentlichte die außeruniversitäre Forschungseinrichtung Medienhaus Wien (MHW) eine Untersuchung zur Schaltung von Regierungsinseraten in Tageszeitungen in den Jahren 2018/19[88] und ließ gleich im Sommer 2021 eine Untersuchung des auch auf dem Werbemarkt außergewöhnlichen Pandemie-Jahres 2020 folgen. Die zentralen Ergebnisse von Hauptautor und MHW-Geschäftsführer Andy Kaltenbrunner lauten: „Zwei Drittel der untersuchten Inserate gingen an den Boulevard, ein Fünftel an die Bundesländerzeitungen, ein Zehntel an die nationalen Qualitätszeitungen. Das ist unverhältnismäßig."[89] Kaltenbrunners Zahlen sind unbestechlich. Aber ist diese Interpretation die einzige Lesart?

Die MHW-Studien, die von der „Tiroler Tageszeitung" sowie den „Salzburger Nachrichten", „Oberösterreichischen Nachrichten" und „Vorarlberger Nachrichten" mitfinanziert wurden, lösten zwei Wellen der Berichterstattung in Zeitungen aus, die demnach gegenüber Massenblättern benachteiligt sind. Im Nationalrat sprach die Opposition das Thema gegenüber der Regierung an. Journalistenverbände wie die Concordia, in der hauptsächlich Journalisten von Qualitäts- und Regionalpresse organisiert sind, veranstalteten (kritische) Pressegespräche oder sprachen die präsentierten Mängel in ihren Social-Media-Kanälen an. Was niemand ansprach: Das gezeichnete Bild spart bedeutende Teile des dichten Geflechts zwischen Presse und Politik aus, ist also unvollständig.

Man könnte das Bild sogar gänzlich anders zeichnen, nämlich aus einer Perspektive, die die vermeintlich Benachteiligten als Gewinner darstellt und zeigt, dass diese aufgrund ihrer Marktposition nicht unverhältnismäßig wenig, sondern überproportional viel Geld aus dem mit Steuergeld befüllten Inseratetopf erhalten. Denn Zweck eines Inserats ist es, Publikum zu erreichen. Aus Sicht des Werbers sogar möglichst viel zu einem möglichst niedrigen Preis. Die öffentliche Diskussion darüber, dass die Regierung in den meisten Qualitätszeitungen und in so mancher Regionalzeitung aus dem Blickwinkel der Werbung fast schon verschwenderisch viel Geld ausgibt, muss erst noch geführt werden.

Die Auseinandersetzung darüber, welche Zeitung (angeblich) zu viel oder zu wenig Inserate von der Bundesregierung bekommt, ist eigentlich ein öffentlich geführter Streit zwischen Tageszeitungen, die neidvoll auf die Erlöse der Mitbewerber blicken und im vöz, mit Ausnahme der Gratiszeitungen, dennoch großteils unter einem Dach vereint sind. Ein Befund, den übrigens auch Kaltenbrunner teilt. Er sagt: „Dieser Diskurs ist ein Konkurrenzdiskurs, der in alle Richtungen sehr oberflächlich geführt wird."

Abseits der Argumentation, dass man den Massenblättern „Krone", „Heute" und „Österreich" im Sinne der Demokratiepflege nicht so viel Geld aus Regierungswerbung zukommen lassen dürfe, gibt es vöz-intern durchaus Stimmen der Vernunft und kühle Rechner, die behauptete Schwächen an der MHW-Studie ausmachten. „Inserate", sagt eine Person aus dieser Gruppe, „sind ein einfacher Leistungsaustausch. Es gibt Werbeflächen für die Überweisung von Geld." Und es gebe nun einmal große Unterschiede in Reichweiten, Verbreitungsgebieten und Auflagen. Während zum Beispiel die lokal sehr starken „Oberösterreichischen Nachrichten" außerhalb ihres Bundeslandes praktisch gar nicht gelesen würden, hätten die großen Boulevardmedien auch in Oberösterreich hohe bis relevante Reichweiten („Krone" 24 Prozent; „Heute" 8 Prozent; „Österreich" 5 Prozent).[90] Ähnliches gelte für andere Bundesländer. Das erkläre logisch und nachvollziehbar, warum auch die Bundesregierung die Massenblätter als Vehikel für ihre Werbung nutze. Oder in anderen Worten:

Wer in den großen Titeln bucht, erreicht ganz automatisch Menschen in gleich mehreren Bundesländern.

Kritik, die auch das Bundeskanzleramt in einer parlamentarischen Anfragebeantwortung äußerte.[91] Und Kritik, die Kaltenbrunner gerne annimmt, inhaltlich aber zurückweist. Er sagt, dass er die regional unterschiedliche Bedeutung unterschiedlicher Zeitungen berücksichtigt habe.

Um die Gesamtlage zu veranschaulichen, lohnen sich Zahlenspiele mit den verfügbaren Basisdaten. Zu diesen Basisdaten gehören mehrere Untersuchungen, Erhebungen und Datenbanken.

Die Media-Analyse (MA) ist, wie bereits erwähnt, eine groß angelegte Umfrage, die die Reichweiten, also die Leserzahlen der teilnehmenden Blätter, erhebt. Mit ihrer Hilfe ist nicht nur festzustellen, wie viele Leser ein Titel auf sich vereint, sondern auch welche. Auswertbar sind Alter, Geschlecht, sozialer Status und mehr. Die MA ist deshalb für Werber der wichtigste Parameter, weil mit ihren Werkzeugen eruierbar ist, welches Publikum man in welchem Blatt erreicht.

Der zweite bedeutende Indikator zum Messen der Marktstellung einer Zeitung ist die Österreichische Auflagenkontrolle (ÖAK). ÖAK-Daten gelten als „harte" Daten, haben keine Schwankungsbreite, sind für die Werbewirtschaft aber weniger relevant.

Die Teilnehmer der MA müssen Fragen beantworten wie: „Welche von diesen Tageszeitungen haben Sie in den letzten sieben Tagen irgendwann einmal in der Hand gehabt, um darin zu lesen oder auch nur zu blättern?" Daraus (und aus mehr) werden die Leserzahlen berechnet. Die ÖAK-Daten hingegen kommen direkt aus den Büchern der Verlage. Aus Abrechnungen mit den Druckereien.

Als dritte Maßzahl für die folgenden Zahlenspiele zogen wir alle dokumentierten Werbezahlungen der Bundesregierung an Tageszeitungen seit Beginn der Aufzeichnungen heran. Als Quelle diente die Medientransparenzdatenbank. Bei der Auswertung halfen die digitalen Werkzeuge der FH Joanneum.

Auf einmal zeigt sich: Es gibt tatsächlich große Unterschiede zwischen einzelnen Titeln. Nur scheinen diese zumindest nicht systematisch an der Unterscheidung zwischen Boulevard-, Qualitäts- und

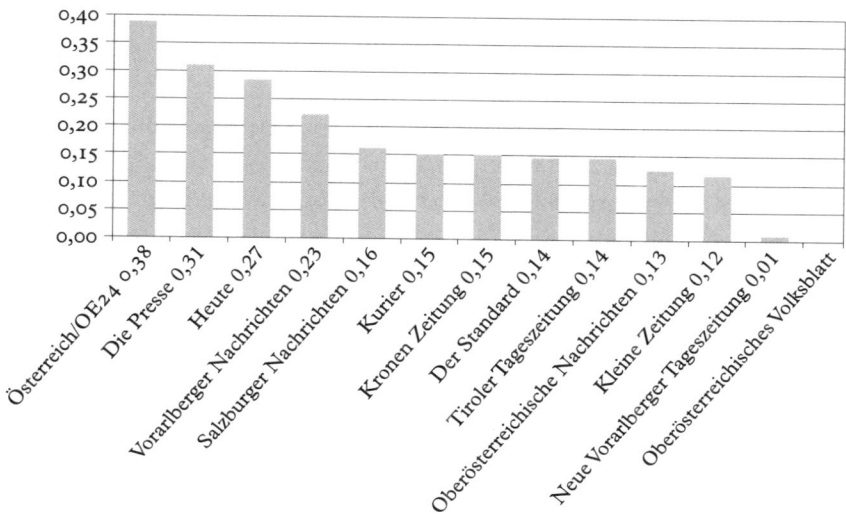

Werbeausgaben der Regierung in Euro pro Leser und Monat. Daten gemittelt im Zeitraum Q3/2012–Q2/2021 (Quelle: Media Analyse, KommAustria/ʀᴛʀ, ғʜ Joanneum, eigene Berechnung)

Regionalzeitungen festzumachen zu sein (Wochenzeitungen und Magazine spielen im Werbekonzept der Bundesregierung ohnedies nur eine untergeordnete Rolle). Wenn man so will, „investiert" die Bundesregierung seit 2012 Monat für Monat 0,38 Euro in jeden Leser der Zeitungen der Familie Fellner. Dahinter folgt mit der „Presse" jedoch schon der erste Titel aus dem Qualitätssegment. Nach „Heute" (0,27 Euro/Leser) erreicht mit den „Vorarlberger Nachrichten" auch ein regionaler Marktführer noch ein sehr hohes Niveau (0,23 Euro/Leser). Mit Respektabstand und sehr ähnlichen Werten folgen alle anderen und die so oft wegen ihrer angeblichen Bevorzugung durch die Regierung kritisierte „Krone". Die „Neue Vorarlberger" (Schwesternblatt der „Vorarlberger Nachrichten") und das „Volksblatt" (nimmt nicht an der ᴍᴀ teil) laufen gewissermaßen außer Konkurrenz.

Selbst in diesen Daten steckt noch Potenzial, das die Optik zugunsten der Gratisblätter (und zu Ungunsten einiger anderer) drehen könnte. Zumindest theoretisch. Beweisbar ist es nicht. Zu tun hat das mit der Plausibilität der Daten der Media-Analyse. Trotz wissenschaftlicher Begleitung, Qualitätskontrollen, viel Erfahrung in der Durchführung und allgemeiner Akzeptanz am Werbemarkt liefert die MA in Details Werte, die schwer erklär sind.

Oder in anderen Worten: Womöglich sind die Leserzahlen umfragebedingt bei einigen Titeln zu hoch, bei anderen zu niedrig. Erkennbar wird das, wenn man die Werte aus Österreich mit internationalen vergleicht und sich ansieht, wie viele Menschen dort ein gedrucktes Exemplar einer Zeitung in die Hand nehmen, und wie viele hier. International „normal" scheinen etwas weniger als drei Leser pro Kopie zu sein, in Deutschland sprechen die Verleger von genau 2,6.[92] In Österreich ist jedoch auffällig, dass dieser Wert bei fünf Titeln exorbitant höher oder niedriger liegt. Niedriger liegen die Gratisblätter „OE24" und „Heute" mit Werten von knapp über einem Leser pro Zeitung. Höher „Die Presse" und der „Kurier" mit vier sowie „Der Standard" mit annähernd sieben Personen[93], die jeweils eine der verbreiteten Zeitungen lesen.

Gestört hat das bisher aus verständlichen Gründen vor allem Verleger der Gratisblätter, allen voran die Familie Fellner, die das in der Vergangenheit auch immer wieder kritisierte und der Meinung war, dass die Zahl der Leser ihrer Titel zu gering, die der anderen jedoch zu hoch ausgewiesen würde. Beweise dafür sind jedoch schwer bis nicht zu erbringen. Die Erhebungsmethode der MA-Zahlen gilt als wasserdicht. Trotzdem bleiben Fragen, wie etwa: Wie ist es zu erklären, dass vergleichbare Zeitungen einen deutlich höheren Mitlesefaktor ausweisen?

Die Schweizer Gratiszeitung „20 Minuten" ist so ein Fall. Jedes Exemplar wird statistisch von fast drei Lesern in die Hand genommen. Das entspricht dem internationalen Mittelwert. Bei „Österreich" und „Heute" sind es jedoch nur knapp mehr als ein Leser pro Exemplar. Trotz des identen Vertriebswegs über Entnahmeboxen bei den öffentlichen Verkehrsmitteln. Umgekehrt sind hohe Werte wie bei „Presse", „Kurier" und „Standard" zwar ungewöhnlich, aber nicht beispiellos. Die deutsche „Bild" kommt sogar auf einen Wert von acht Lesern.

Der Verein, in dem die Media-Analyse als wichtiges Verkaufsargument für die Branche erhoben wird, hat wenig Freude mit der Methoden- und Ergebniskritik einzelner Mitglieder, weshalb der Vorstand Ende 2018 im Rahmen einer Mitgliederversammlung im Presseclub

Concordia die Vereinsstatuten geändert hat. Fortan können Mitglieder mit bis zu 50.000 Euro Geldstrafe belegt werden, wenn diese die ihnen auferlegten Mitgliedspflichten verletzen.[94] Welche Pflichten das sind, steht ebenfalls in den Statuten. Nämlich „Maßnahmen zu unterlassen, die dazu geeignet sind, das Ergebnis der Studie zu beeinträchtigen oder zu verfälschen oder deren Bedeutung in der Öffentlichkeit herabzuwürdigen".

Wolfgang Fellner hatte zuvor die Erhebungsmethode der MA öffentlich mehrfach kritisiert.[95] Kritische Vereinsmitglieder nennen die neue Strafbestimmung seither den „Fellner-Paragrafen". Was Fellner trotzdem nicht daran hindert, für ihn unplausibel scheinende Ergebnisse zu kritisieren. Seither allerdings intern.[96]

Der Verein Media-Analysen verteidigt seine Erhebung nicht nur gegen Kritik von innen, sondern auch von außen. Tatsächlich liefert die regelmäßige Untersuchung trotz teils wenig plausibel erscheinender Ergebnisse die besten Daten, die für den Markt verfügbar sind. Präsident Helmut Hanusch bezeichnet sie jedenfalls als „valide", „bestkontrolliert" und „bestgeprüft". Ungewöhnlich scheinende Ergebnisse wie besonders hohe (oder besonders niedrige) Mitlesefaktoren erklärt er sich historisch. „„Der Standard'", sagt er, „hatte schon immer den größten Mitlesefaktor." So etwas sehe man auch international immer wieder „und lässt sich nur in der größeren Zusammenschau über einen längeren Zeitraum bewerten". Die sehr wenigen Leser pro Gratiszeitung haben seiner Einschätzung nach mit der praktisch unbegrenzten Verfügbarkeit der Hefte zu tun. Es bestehe „kaum eine Notwendigkeit zum Mitlesen, wenn jeder ein eigenes Exemplar haben kann".

Dennoch verdient der Wert der Währung Reichweite (Messung der Leserzahlen) angesichts teils erstaunlicher Details mehr öffentliche Debatte, auch wenn sie für alle Beteiligten zweifellos die beste Methode ist, den Verkaufspreis eines Inserats in Geldwerten zu bestimmen. Buchungen von Inseraten sind von ihrer Idee her kein Instrument zum Ausüben von Medienpolitik und Medienregulierung, selbst wenn diese von den Regierenden offensichtlich dazu missbraucht werden.

PR-Fachmann und Kampagnen-Profi Stefan Albin Sengl glaubt sogar, dass die Inseratepolitik der Regierung im Wettbewerb zwischen den Medien insgesamt weniger marktverzerrend wirkt als auf dem Markt für politische Positionen: „Im Wettbewerb zwischen Regierung und Opposition ist es ein deutlicher Vorteil, wenn ich mit Geld aus dem Staatsbudget die eigene Arbeit darstellen kann." Ein buchstäblich unbezahlbarer Vorteil, der den anderen Parteien fehlt.

Noch diskussionswürdiger wird die These vom alle Werbemittel absaugenden Zeitungsboulevard, wenn man die Erlöse aus Regierungsinseraten mit einem anderen Marktindikator in Relation setzt: der Auflage. Diese sagt zwar weniger etwas über die Art der Leser aus, dafür ist sie in Bezug auf die unters Volk gebrachten Exemplare nahezu unbestechlich. Wobei man bei den hohen Auflagen der Gratisblätter berücksichtigen muss, dass diese genau deshalb so hoch sind, weil die Zeitungen ohne die aufwendige und teure Logistik der Hauszustellung an zentralen Ausgabestellen ans Publikum verschenkt werden. Wertlos für die Beurteilung der Marktrelevanz eines Blattes sind die Daten der Auflagenkontrolle dennoch nicht. Sie zeigen, dass ein Gutteil der Kritik an den auflagestarken Blättern und dem Schaltverhalten der Regierung von Standesdünkel und anderen Interessen getrieben ist. Denn der Vorwurf, die Politik würde Boulevardzeitungen unverhältnismäßig großzügig und fernab der Marktdaten mit Schaltungen beglücken, ist zumindest durch die Daten nicht gedeckt.
Im Ranking „Regierungswerbung pro verbreiteter Zeitung" liegen ganz andere vorn. Führend sind die Kritiker der Boulevardzeitungen: „Presse" und „Standard".

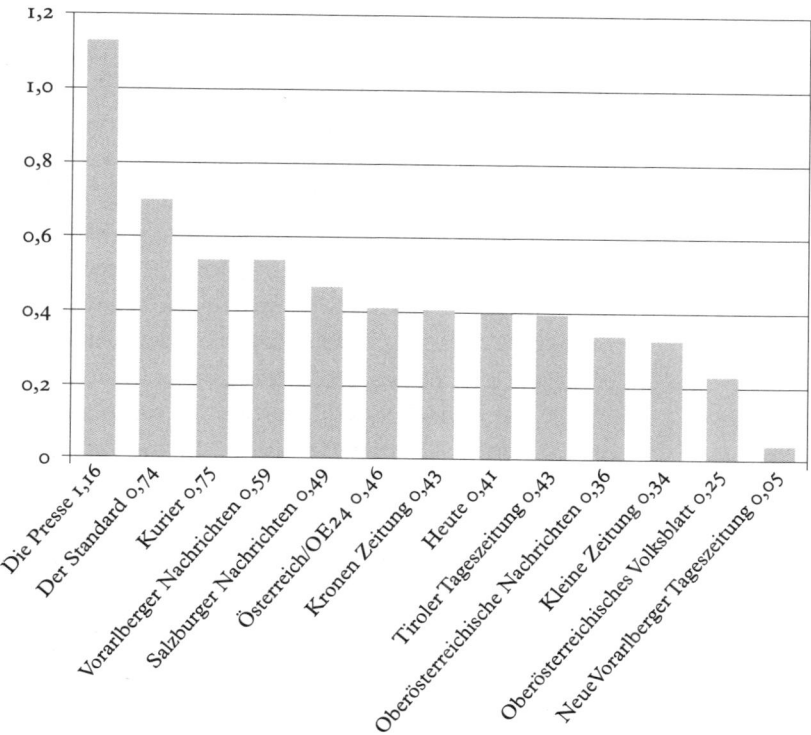

Werbeausgaben der Regierung in Euro pro Exemplar und Monat. Daten gemittelt im Zeitraum Q3/2012–Q2/2021 (Quelle: ÖAK, KommAustria/RTR, FH Joanneum, eigene Berechnungen)

Die Macht der Bundesländer

Viele Dinge, die in Österreich passieren, sind besser zu verstehen, wenn man einen Blick auf die ersten Absätze der Bundesverfassung wirft. Das klingt zunächst kompliziert, ist es aber nicht. Es gilt für Bildung. Es gilt für das Gesundheitswesen. Es gilt für die realpolitischen Machtverhältnisse. Und es gilt selbstverständlich auch für die Inseratepolitik der Regierenden.

Artikel 2 der Verfassung beantwortet alle Fragen. Da steht: „Österreich ist ein Bundesstaat." Und weiter: „Der Bundesstaat wird gebildet aus den selbständigen Ländern." Und diese Länder sowie ihre Landesregierungen haben, ebenso wie die Bundesregierung, Interessen in Bezug auf ihr Verhältnis zu den Medien. Wobei: Insgesamt streuen die Landeshauptleute ihre Interessen wesentlich breiter als die Kanzler und Minister unterschiedlicher Bundesregierungen. Während die Zentral- verwaltung ihr Geld zu einem überwältigenden Anteil in Tageszeitun- gen ausgibt, zahlen Landesregierungen große Summen auch an Wochenzeitungen, Magazine, Radio- und TV-Sender.

Genau genommen und über die Jahre sogar mehr, als dies die Bundesregierung tut. Wie diese und unzählige andere öffentliche Rechtsträger müssen die Ämter der Landesregierungen sogenannte Medienkooperationen, also Inserate, an die Medienbehörde melden. Wie für alle anderen gilt auch für sie die Bagatellgrenze von 5.000 Euro pro Medium und Quartal sowie die Ausnahme, dass Schaltun- gen, die in unregelmäßigen Publikationen erfolgen, nicht unter die Meldepflicht fallen. All das sind Regelungen, von denen in den Lan- deshauptstädten reichlich Gebrauch gemacht werden dürfte, um die Statistik möglichst vertretbar zu halten. Wie bei Dunkelfeldern üb- lich, kann niemand den genauen Wert objektiv beziffern. Nur der Rechnungshof hat es bei einer der neun Landesregierungen einmal versucht. Nämlich bei jener in Tirol.

Das Team der Buchprüfer fand im Laufe des Besuches im Inns- brucker Landhaus heraus, dass das, was die Landesregierung an Aus- gaben für Inserate meldete, eigentlich nur drei Viertel der tatsächli- chen Ausgaben entsprach. Ein weiteres Viertel, genau genommen waren es 24 Prozent, schien für Öffentlichkeit und Opposition nir- gendwo auf.

Die Mittel, die alle Landesregierungen gemeinsam für Inserate aufwenden, sind gewaltig. Vom 1. Juli 2012 bis 30. Juni 2021 (dem Berechnungsstichtag für das vorliegende Buch) kam die Summe von 299.997.584 Euro zusammen. Die Bundesregierung brachte es im gleichen Zeitraum auf „nur" 219.751.910 Euro. Seit im Kanzleramt Sebastian Kurz die Geschäfte führt, hat sich das Blatt allerdings ge- wendet. Das hat nicht nur mit der erhöhten Kampagnen- und Infor- mationstätigkeit des Bundes im Zuge der Covid-19-Pandemie zu tun.

Der einzige Grund, warum die Bundesländer im Langzeitver- gleich so weit vor dem Kanzler und seinen Ministern liegen, ist Wien.

	Werbeausgaben seit 1. Juli 2012	Einwohner	Inseratenausgabe pro EW
Wien	205.557.304,59	1.921.153	107
Niederösterreich	31.640.807,48	1.691.040	18,71
Oberösterreich	30.494.763,87	1.495.756	20,39
Steiermark	9.900.825,92	1.247.159	7,94
Burgenland	6.001.644,76	296.040	20.27
Vorarlberg	5.413.201,72	399.164	13,56
Kärnten	4.747.836,75	562.230	8,44
Tirol	4.602.296,53	760.161	6,05
Salzburg	1.638.902,72	560.643	2,92

So werben die Bundesländer insgesamt und pro Kopf in Euro
(Quelle: KommAustria/RTR, FH Joanneum, Statistik Austria, eigene Berechnungen)

Wie groß die Bedeutung der Hauptstadt als Werbekunde bei Medien ist, zeigen nicht nur die absoluten Zahlen. Umgelegt auf die Bevölkerung investierten Wiens Rathauslenker seit 2012 pro Stadtbewohner fast 107 Euro in Inserate. Mit großem Abstand folgt (nach der Pro-Kopf-Berechnung) eine Art Mittelfeld bestehend aus Oberösterreich, dem Burgenland, Niederösterreich und Vorarlberg. In Kärnten, der Steiermark, Tirol und Salzburg spielen Zahlungen an Medien relativ gesehen nur eine vergleichsweise untergeordnete Rolle. Warum hat Wien eine derartige Sonderstellung?

Weil man hier das Schalten von Werbung als Instrument sieht. Zentraler Dreh- und Angelpunkt ist die Abteilung Presse- und Informationsdienst (PID). Über sie schalten die einzelnen Ressorts ihre Inserate. Im Schnitt geben sie dabei fünfmal mehr aus als die Kollegen in den Bundesländern. Warum das so ist, hat auch mit Geschichte zu tun – und mit Föderalismus.

Seit der Zwischenkriegszeit gibt es in Österreich nämlich eine Steuer auf Werbung. Darunter fallen natürlich auch Inserate. Zwischen Bodensee und Neusiedler See entwickelte sich ein regelrechter Wildwuchs, da die sogenannte Ankündigungsabgabe Länder- und

Gemeindesache war. Das führte dazu, dass sie mancherorts auch Länder und Gemeinden einhoben. Doch Doppelbesteuerung war nur ein Auswuchs. Ein anderer war Steuerwettbewerb. Nicht wenige Medienunternehmen und Verlage wechselten ihren Erscheinungsort dorthin, wo es im Sinne der Werbesteuer für sie am günstigsten war. Besonders deutlich zu sehen war das dort, wo sich traditionell die meisten Medienunternehmen im Land konzentrierten: in und um Wien. „Der Standard" und „News" zum Beispiel verlegten ihren Erscheinungsort von Wien ins niederösterreichische Tulln an der Donau, weil es dort schlichtweg billiger war. Selbst der ORF schaltete seine Werbung eine Zeit lang aus St. Pölten. Gewissermaßen als Ausgleich für die Werbesteuer, die im Laufe des Jahres 2000 eine fünfprozentige Bundesabgabe wurde, schaltete Wien großzügig Inserate, die sich andere Länder und Gemeinden nicht leisteten. Recht rasch bemerkten die Spitzenkräfte der Wiener SPÖ: Werbung aus dem Stadtbudget pflegt nicht nur die Beziehungen zur Presse, sondern ist ein nicht zu unterschätzender Wettbewerbsvorteil gegenüber den politischen Gegnern. Wer nämlich nicht in der Regierung vertreten ist, dem steht das Mittel auch nicht zur Verfügung. Eine Erkenntnis, die im politischen Alltag zusehends an Bedeutung gewann. Nach dem Rücktritt von Helmut Zilk als Bürgermeister büßte sein Nachfolger Michael Häupl bei seiner ersten Gemeinderatswahl die bis dahin noch knapp verteidigte absolute Mandatsmehrheit ein. Die in Wien bisher uneingeschränkt regierende SPÖ stand plötzlich gehörig unter Druck. Einer der neuen, jungen Stadträte, die damals mit Häupl ins Rathaus einzogen und das Instrument des Regierungsinserats reichlich für sich einzusetzen begannen, war: Werner Faymann.

Die Gelegenheit für ein solches Vorhaben war gerade günstig. Der Markt konnte zahlungskräftige Werbekunden gut brauchen. Kurz nach der Jahrtausendwende erschien in Wien mit dem „U-Express" die erste Gratis-Tageszeitung, ein Zeitungstyp, der sich ausschließlich durch Werbung finanziert. Die Idee für den „U-Express" hatte der inzwischen verstorbene „Krone"-Chef Hans Dichand, Herausgeber war die gemeinsame Tochtergesellschaft von „Krone" und „Kurier", die Mediaprint. Dichands Mitgesellschafter aus Deutschland, die heutige Funke-Gruppe, freute das Projekt allerdings nicht. Sie stellte es nach drei Jahren ein. Nur wenige Monate später, im Herbst 2004, startet die fast gleiche Mannschaft mit „Heute". Und auch das Geschäftsmodell unterscheidet sich kaum. Wie der „U-Express" darf „Heute" seine Zeitungen in den Stationen der Wiener U-Bahn ans Publikum verschenken. Geschäftsführer wird Wolfgang Jansky, der bis unmittelbar davor Pressesprecher von Wohnbaustadtrat Werner Faymann war. Ein Ressort, das anschließend in „Heute" viel Präsenz mit Werbung zeigen sollte und im Gegenzug freundliche Berichterstattung erntete. Eigentümer des Verlags sind inzwischen Christoph Dichands Frau Eva Dichand, die von Janksy geführte und mit guten personellen Beziehungen zur SPÖ-Wien ausgestattete Periodika Privatstiftung sowie die schweizerischen Tamedia (TX Group).

Doch es war nicht nur der Markteintritt von „Heute", der die Werbetrommel des Wiener Rathauses buchstäblich zum Rotieren brachte. Nur zwei Jahre später trat mit „Österreich" ein weiteres Produkt in den Markt ein, das mit seinem auflagenstarken Gratisableger „OE24" zum direkten Konkurrenten werden sollte, der seinen Teil vom Kuchen einforderte. Zusätzlich zur „Kronen Zeitung", die der PID als größte Zeitung des Landes ebenfalls nicht ignorieren konnte.

Seit 2012, also seit Wien seine Werbeausgaben zumindest teilweise in die Medientransparenzdatenbank melden muss, sind die größten Nutznießer der Rathaus-Inserate diese drei Zeitungen. In folgender Reihenfolge: „Heute" (31,7 Millionen Euro), die „Krone" (29,9 Millionen) und die Mediengruppe „Österreich" (23,3 Millionen). Auf den Plätzen folgen „Kurier" (12,2 Millionen Euro), „Standard" (8,4 Millionen Euro) und „Presse" (7,4 Millionen Euro).

Durch die Ausschüttung hoher Summen entstand zwischen dem Rathaus und den Wiener Tageszeitungen ein dichtes Geflecht an Beziehungen und Abhängigkeiten sowie ein kreatives Versteckspiel im Rahmen der Verteilung jener Inserate, die nicht unter die Meldepflicht fallen. Die Berichterstattung in den Titeln der Empfänger thematisiert meistens nur, dass Mitbewerber mehr und damit zu viele Werbeaufträge aus dem Rathaus erhalten. Echte Systemkritik erfährt das Publikum meistens nur dort, wo keine Gelder aus dem Rathaus ankommen: zum Beispiel bei der gemeinnützigen Rechercheplattform „dossier.at", die regelmäßig die Wiener Verhältnisse gesamtheitlich unter die Lupe nimmt.[97]

Der nach Wien in absoluten Zahlen zweitgrößte Werber unter den Bundesländern ist Niederösterreich. Allein die Landesregierung selbst ist seit 2012 mit einem Volumen von 31,6 Millionen Euro in der Medientransparenzdatenbank vertreten. Größter Geldempfänger sind, das leuchtet ein, die „Niederösterreichischen Nachrichten". 7,4 Millionen Euro für Inserate hat das Landhaus seither in der Wochenzeitung für Werbung ausgegeben.

St. Pölten zeigt exemplarisch für alle andere Regierungen in Bund und Ländern, dass auch die obersten Verwaltungskörper eigentlich nur die Spitze des Eisbergs darstellen. Den Bundesländern nachgeordnet sind nämlich stets Unternehmen, die sie vollständig oder teilweise kontrollieren: darunter Infrastrukturbetreiber, Banken, Sozialfonds, Gesundheitsdienstleister, Tourismusvermarkter und viele mehr. In der Vergangenheit tauchten immer wieder Fälle auf, in denen zumindest der begründete Verdacht bestand, dass die staats- oder landeseigenen Unternehmen im Sinne der amtsführenden Politiker Geld in Form von Inseratenschaltungen verteilten. Eines der prominentesten Beispiele war die „Inseraten-Affäre" von Werner Faymann, Josef Ostermayer und den ÖBB. Der Fall wurde in den vorangegangenen Kapiteln bereits beschrieben.

Niederösterreich ist (wie auch Wien) eines jener Länder, das über einen besonders breiten Strauß an Unternehmen mit Landesbeteiligung verfügt. Und über Initiativen und Programme der Landesregierung, die sich mit eigenen Markennamen bewerben lassen. Wie dieses dichte Geflecht am Ende am Markt für Inserate und Politiker funktioniert, zeigt eine Sonderbeilage der „Kronen Zeitung" aus dem Sommer 2020. Es ermöglicht nämlich sogar die Umgehung des sogenannten „Kopf-Verbotes" bei Schaltungen durch die öffentliche Hand. Die Rechnung für die Politikerwerbung zahlt das Publikum damit selbst.

Am 24. Juni war der Niederösterreich-Ausgabe des „Krone" ein 80-seitiges Extra mit dem Titel „Sommer in Blau und Gelb" beigelegt. Zusätzlich lag das Heft als kostenlose Wurfsendung in unzähligen Postkästen von Nichtabonnenten. Zweck: Zeigen, „welche Projekte unser Niederösterreich zum lebenswerten Bundesland machen". Im Inneren: Inserate der Landesregierung und seiner nachgeordneten Unternehmen und Agenturen. Darunter die „NÖ Energie- und

Umweltagentur GmbH", die „Niederösterreich-Werbung GmbH", der „Niederösterreichische Gesundheits- und Sozialfonds", die „NÖ Familienland GmbH", die „ecoplus. Niederösterreichs Wirtschafts-agentur GmbH" sowie die „NÖ Landesgesundheitsagentur". Alles Einrichtungen, die unter der Aufsicht von Landesräten stehen.

Fotos dieser Landesräte (und der Landeshauptfrau) findet man im ganzen Heft zwischen den Inseraten reichlich. In den im Ton stets positiven Beiträgen dürfen die Politiker erklären, warum Niederöster-reich auch in Krisenlagen so gut dasteht. Was die abgebildeten Landes-räte im Heft eint, ist die Mitgliedschaft in der ÖVP. Nicht vertreten sind jene drei Mitglieder der Landesregierung, die SPÖ und FPÖ angehören.

Keine Besonderheit der niederösterreichischen Landesregierung ist der Trend, Zeitungen mit lokal hoher Reichweite besonders stark zu buchen. Die Praxis ist logisch und folgt nur den Gesetzen des Marktes. Warum sollte etwa der Bürgermeister von Wien zum Bei-spiel in Salzburg Inserate schalten, die Informationen zur Anforde-rung einer Wahlkarte für die anstehenden Gemeinderatswahlen trans-portieren? Trotzdem kritisiert man ihn regelmäßig dafür, dass er und andere Mitglieder der Stadtregierung in den gerade in Wien starken Boulevardzeitungen (zu) viele Inserate einkaufen.[98] Kritiker messen dabei mit zweierlei Maß. Unabhängig davon, dass Wien im Vergleich zu den Bundesländern exorbitant hohe Werbeausgaben hat, wirbt das Rathaus nämlich eigentlich nur dort, wo es automatisch viele Wiener erreicht – bei den örtlichen Marktführern „Heute" (464.000 Leser in Wien), „Krone" (351.000) und „Österreich"/„OE24" (311.000). Die Bundesländer machen das genau gleich.

Eine interessante Schieflage in der Verteilung der Etats eröffnet die Medientransparenzdatenbank in Oberösterreich, dem nach Wien und Niederösterreich drittgrößten Werber unter den Bundesländern. Fast jeder zweite Zeitungsleser dort greift zu den „Oberösterreichi-schen Nachrichten". Dafür bringt der Verlag der Eigentümerfamilie Cuturi täglich etwas mehr als 120.000 Stück seiner Zeitung unters Volk. Die seit Kriegsende von der ÖVP geführte Landesregierung nutzt das natürlich für ihre Kommunikation mit der Bevölkerung und gab seit 2012 4,5 von 30,5 Millionen Euro in den „Oberösterreichischen

Nachrichten" aus. So weit, so normal. Erstaunlich wird es aber an Position zwei der beliebtesten Werbeträger des Linzer Landhauses. Dort taucht mit 2,9 Millionen Euro Erlösen aus Werbegeschäften mit der Landesregierung das „Oberösterreichische Volksblatt" der oberösterreichischen ÖVP auf. Und das mit einer durchschnittlichen Auflage von nur 19.000 Stück. Erklärt wird dieses Missverhältnis mit unterschiedlichsten Argumenten. Verlagsleiter Wolfgang Eder sagt, dass die eigene Zeitung auch ein besonderes Publikum habe. „Unsere Werbekunden wissen, dass wir vor allem bei Entscheidern auf dem Tisch liegen." Der Leiter der Abteilung Presse im Landhaus hingegen, Gerhard Hasenöhrl, spricht offen aus, wie die Regierenden über die Medienkooperationen denken. „Wir sehen die Inserate auch als alternative Presseförderung. Als eine der zwei letzten oberösterreichischen Kaufzeitungen hat das ‚Volksblatt' auch seine Bedeutung."[99]

Welche Bedeutung spezifisch das „Oberösterreichische Volksblatt" für die Oberösterreichische Volkspartei hat, erklärte 2013 der ehemalige Landeshauptmann und Parteichef Josef Pühringer in einem Interview mit dem Mitbewerber „Oberösterreichische Nachrichten". Nachdem der Reporter ihn mit dem Verdacht konfrontiert hatte, dass die Bundes-ÖVP über Scheinrechnungen Parteispenden der Raiffeisen Landesbank Oberösterreich erhalten haben könnte, und anschließend die Frage stellte, ob dies auch auf die ÖVP Oberösterreich zutreffe, antwortete Pühringer: „Wir haben das Problem mit Parteispenden generell nicht. Wer uns unterstützen will, kann im ‚Volksblatt' inserieren."[100]

In Vorarlberg zum Beispiel. Dort überweist die Landesregierung unter Landeshauptmann Markus Wallner (ÖVP) den dominierenden „Vorarlberger Nachrichten" 41 Prozent ihres in der Medientransparenzdatenbank dokumentierten Inserate-Budgets. „Heute" hingegen bekommt in Wien „nur" 15 Prozent. Dies freilich von einem ungleich größeren Gesamtetat. Solche Konstellationen findet man auch in weiteren Bundesländern. Siehe Vorarlberg. Siehe Niederösterreich (23 Prozent für die „NÖN"). Siehe Salzburg (26 Prozent für die „SN").

Wie skrupellos und unmittelbar die Politik mit ihren Instrumenten in die Arbeit der Presse eingreifen kann, hat sich in der Vergangenheit in vielen Facetten in Kärnten gezeigt. Die Ära Haider (und seiner Nachfolger) ließ ein System zutage treten, das Subventionen und Werbeschaltungen ganz offen davon abhängig machte, ob sich eine Redaktion im Sinne der Landesregierung angemessen benahm (also unkritisch war) oder eben nicht. Eine Ära, die bis heute nachwirkt. Nicht im Sinne erpresserischer Beeinflussungsversuche, sondern im Umstand, dass Kärnten, wie Salzburg, die Steiermark und Tirol auch, zu den sparsamsten Werbern überhaupt gehört. Das Land muss sparen. Regierungsinserate aus dem Klagenfurter Landhaus sind wegen der Sünden der Vergangenheit fast schon eine Seltenheit geworden.

Seit Einrichtung der Medientransparenzdatenbank am 1. Juli 2012 hat das Land „nur" 4,7 Millionen Euro an Inseraten geschaltet. Davon fiel 1 Million noch in die letzten Monate freiheitlicher Führung. Seit März 2013 ist der Sozialdemokrat Peter Kaiser Landeshauptmann.

Wie Inserate und Presseförderung von einer Regierung zur Maßregelung von Medien benutzt werden können, hat vor Einführung der offiziellen Aufzeichnungen von Regierungsinseraten kaum jemand so intensiv erlebt wie Antonia Gössinger. Während der Ära Haider war die ehemalige Funktionärin der Jungen ÖVP Leiterin der Redaktion für Kärntner Landespolitik bei der „Kleinen Zeitung" in Klagenfurt. Als solche berichtete sie von Anfang an über die Auswüchse des Wirkens von FPÖ und BZÖ. Später wurde sie Chefredakteurin, wechselte Ende des Jahres 2020 in den Ruhestand und ist seither Kolumnistin der Zeitung.

Heute erinnert sie sich daran, wie die Regierenden die Werbeetats des Landes für eigene Zwecke benutzten. „Zunächst wurden sich die Bildsprachen von Land und Partei immer ähnlicher." Ein Mittel, das auch andere Bundesländer und Landesparteien noch heute reichlich einsetzen, zum Beispiel die ÖVP in Niederösterreich oder die SPÖ im Burgenland. „Dann begann man die Gewährung von Werbeschaltungen und Subventionen davon abhängig zu machen, ob die Berichterstattung freundlich war oder nicht."

Insgesamt spielen die Presseförderungen der Länder heute keine Rolle mehr. Damals, unter Haider, wurden sie teils sogar willkürlich vergeben. Gössinger: „Als Haider 1999 zum zweiten Mal Regierungschef wurde, wunderten sich die Verlage, dass die bisherigen Zahlungen ausblieben, und fragten beim zuständigen Finanzreferenten nach. Die Antwort dort lautete: ,So lange ihr so schreibt wie jetzt, bekommt ihr auch nichts.'"

Rechtlich festgeschrieben und von politischer Willkür entkoppelt wurde die Landespresseförderung erst danach unter Landeshauptmann-Stellvertreter Peter Ambrozy (SPÖ). Was Jahre später dazu führte, dass die Regierung Haider – damals unter der Flagge des BZÖ – einfach die zur Verfügung stehenden Mittel quasi auf null stellte, weil ihr die Berichterstattung in der „Kleinen Zeitung" nicht gefiel. Die Regierung erfüllte also den Rechtsanspruch, machte diesen faktisch jedoch bedeutungslos. Eine Maßnahme übrigens, die in der Sache schließlich nicht die kapitalstarke „Kleine Zeitung" traf, sondern die brustschwache „Kärntner Tageszeitung". Diese musste wenig später den Betrieb einstellen.

Wehgetan hat der „Kleinen Zeitung" schon viel mehr, dass Haider und die Seinen neben der Presseförderung auch die Buchung von Inseraten einstellten. Dabei ging es jährlich um sechsstellige Euro-Beträge, erinnert sich Gössinger. Ein Verlust, den sich der Verlag nur deshalb leisten konnte, weil das Blatt in der Region auf wirtschaftlich festen Füßen stand.

Wenn Werbung wirkt

Je breiter die eigene wirtschaftliche Basis ist, desto weniger geraten Zeitungen, Zeitschriften und andere Medien in Gefahr, durch die Einstellung von Zahlungen aus Mitteln der öffentlichen Hand unter Druck zu kommen, sei es durch Subventionen oder Regierungsinserate. Der „Kleinen Zeitung" in Kärnten ist der aufrechte Gang in der komplizierten Beziehung mit den Landesregierungen unter FPÖ/BZÖ-Führung gelungen. Über gescheiterte Fälle erfährt die Öffentlichkeit jedoch in aller Regel nichts. Keiner der Beteiligten hat ein Interesse daran, dass öffentlich wird, wenn Zahlungen aus öffentlichen Mitteln an Medien unabhängige Information und Transparenz nicht fördern, sondern behindern. Zu tun hat das damit, dass das Bild vom aufrechten und unbeugsamen Verleger, der den Mächtigen auf die Finger sieht, einer der größten Werte im Kampf um die Glaubwürdigkeit beim Publikum ist. Die Offenlegung vom Ausmaß der Abhängigkeit von politischen Entscheidungen wäre dabei nur hinderlich. Die im Folgenden geschilderten Ereignisse zeigen, wie es passiert, wenn es passiert. Mit kleinen und großen Folgen. Die Geschichten erzählen von Journalistinnen, deren Recherchen über das Wechselspiel zwischen Verlagen und Politik aus Gründen der Firmenräson nie erschienen und im Archiv verschwanden. Sie berichten von Ministern, die am Dienstweg vorbei von Beamten Buchungen in Zeitungen veranlassen. Und sie dokumentieren den Fall eines kritischen Magazins, das, unter anderem durch Abbestellung von Inseraten des Ministeriums, letztlich eingestellt und durch ein freundlicheres Heft ersetzt wurde.

Nur in zwei der vier genannten Fälle wagten die unmittelbar Beteiligten das Erlebte auch so zu erzählen, dass es zuordenbar ist. Die anderen Geschichten wurden inhaltlich überprüft, eine Konfrontation der betroffenen Zeitung und des betroffenen Ministeriums musste zum Schutz der Quellen jedoch unterbleiben.

UNERWÜNSCHTES INS ARCHIV:
„NICHT SELBST INS KNIE SCHIESSEN"

Nennen wir sie Nadja Kern. Zum Zeitpunkt, zu dem ihre Geschichte spielt, ist sie 39 Jahre alt. Seit 14 Jahren ist sie Mitglied der Redaktion jener Tageszeitung, um die es geht. Sie ist das, was ihr Chefredakteur einmal als „Stütze des Hauses" bezeichnete. Meistens gibt es derer immer mehrere. Diese Mitarbeiter einen häufig die gleichen Voraussetzungen: keine Führungsverantwortung, Vertrauen von oben, Anerkennung von den Kollegen und viel Freiheit und Zeit, Geschichten nachgehen zu können.

Als sie von einem Kollegen von den Recherchen für das vorliegende Buch erfährt, meldet sie sich und sagt, dass sie womöglich ein kleines Puzzlestück dazu beitragen könne, das Gesamtbild zu vervollständigen, nur dass sie das eben nicht offen tun könne. Die grundsätzliche Loyalität zu ihrem – inzwischen ehemaligen – Haus und der Wunsch, noch länger in dieser kleinen Branche zu arbeiten, würden mit dem Streben nach größtmöglicher Transparenz kollidieren. Außerdem habe sie nach ihrer Kündigung eine Geheimhaltungserklärung unterschrieben. Also bleibt Nadja Kern nur die Möglichkeit, unter diesem Pseudonym zu berichten. Die Zeitung, für die sie damals arbeitete, nennen wir „Die Zeitung“.

„Die Zeitung“ ist ein solides Blatt in Österreich. Sie veröffentlicht ihre Recherchen gedruckt und im Internet und gehört zu jener Gruppe von Blättern, die sich gegenüber den Boulevardzeitungen von der Regierung benachteiligt fühlt: zu wenig Presseförderung für einen selbst, zu viele Werbeaufträge für die anderen. Regelmäßig ist das so in den Berichten, Kommentaren und öffentlichen Äußerungen ihrer Mitarbeiter, zum Beispiel in sozialen Netzwerken, zu lesen.

Nadja Kern beginnt sich für das Thema Medienfinanzierung durch die öffentliche Hand zu interessieren. Eigentlich hat sie kein echtes Spezialgebiet wie viele ihrer Kolleginnen und Kollegen, unter denen Insider für diese oder jene Partei zu finden sind. Experten für Sicherheit und Wirtschaft oder Expertinnen für Kunst, Medien und Kultur. Bei den meisten ihrer besten Geschichten, sagt sie, hat sie bei null begonnen. „Wenn man als Frischling in ein Thema einsteigt, ist man einfach freier, schleppt keinen Rucksack an Befindlichkeiten mit sich herum.“

Sie entwickelt also die Idee, zu prüfen, ob die behauptete Benachteiligung der Regional- und Qualitätspresse tatsächlich genau so stattfindet, wie das meistens verbreitet wird. Schnell steht ein Grundkonzept, der guten Ordnung halber lässt sie sich die Arbeit trotz der Freiheiten, die sie genießt, von ihrem Ressortleiter freigeben. „Im Grunde“, erinnert sie sich, „fand er die Idee interessant, äußerte zumindest keine Zweifel, dass man bei der Arbeit an gläserne Mauern rennen könnte. Vielleicht hat aber auch er die Tragweite der Recherche für das eigene Unternehmen unterschätzt.“

Kern verzog sich für die folgenden Tage in ihre Ecke in der Redaktion, telefonierte viel, stellte Datensätze zusammen, traf sich mit Personen aus der Branche. Dabei kamen ganz ähnliche Details zutage wie in der Recherche für das vorliegende Buch: Pauschal hält die These nicht, dass die Massenblätter gegenüber anderen beim Verteilen von Inseraten bevorzugt werden, und es zeichnete sich ab, dass in Wien ausgegliederte Unternehmen der Stadt vor und während Wahlkämpfen auffällig viel Geld für Werbekampagnen in Zeitungen ausgeben.

Heute, vier Jahre nach dieser Arbeit, holt sie die Auswertungen aus ihrem privaten Archiv und legt sie uns vor. „Außer meinem

Chefredakteur und mir hat das bis heute noch niemand gesehen." Warum nicht?

„Weil er die Gefahr sah, dass eine Veröffentlichung dem Haus schaden könnte", sagt sie. Doch vor dem Ende der Episode erlebte sie noch mehr. Inzwischen ist sie der Meinung, dass sie das ganze Thema trotz ihrer Erfahrung wohl etwas zu naiv angegangen sei. „Bis dahin habe ich immer geglaubt, dass man sich in einer guten Zeitung auch mit Dingen auseinandersetzen können muss, die einen selbst nicht im allerbesten Licht erscheinen lassen." Kritische Selbstreflexion, das glaubt sie noch heute, würden auch die eigenen Leser schätzen. „Nur Chefredakteure, Geschäftsführer und Eigentümer trauen das dem eigenen Publikum oft nicht zu."

Noch bevor Nadja Kerns Chefredakteur von ihrer Recherche erfuhr, bekam sie aus anderer Richtung einen Hinweis darauf, dass die Recherche nicht im Sinne einiger Werbekunden war. Sie war gerade dabei, die auffälligen Ausgabensteigerungen städtischer Betriebe vor Wahlen zu erforschen und wollte von diesen Unternehmen eine Erklärung dafür einholen. Eines dieser Telefonate, das sie mit dem Kommunikationschef des Unternehmens führte, blieb ihr besonders in Erinnerung. Sie greift in ihren Rucksack, holt einen alten Notizblock hervor, blättert und liest die Gesprächsmitschrift vor. „Der Mann sagte: ‚Frau Kern, Sie glauben doch nicht wirklich, dass die Geschichte, an der Sie da arbeiten, in Ihrer Zeitung auch erscheinen wird?' Ich war sprachlos, als ich das hörte."

Zwei Tage später rief sie der Chefredakteur in sein Büro. Kerns unmittelbarer Vorgesetzter, der Ressortleiter, hatte ihr nach der Vormittagskonferenz der Führungskräfte mitgeteilt, dass der Chef sie wegen der Recherche zum Inserate-Thema sehen wolle.

„Er war zunächst aufgebracht", erinnert sie sich an die Szene. „Er beschwerte sich darüber, wie es sein könne, dass er als Letzter im Haus darüber erfahre, dass an einem so sensiblen Thema gearbeitet werde." Kern verteidigte sich, wies darauf hin, mit dem Ressortleiter den unmittelbaren Vorgesetzten informiert zu haben und dass eine solche Arbeit im Sinne der Leser doch grundsätzlich möglich sein müsse. Sie irrte. „Mein Chefredakteur gab mir zu verstehen, dass solche Recherchen interessant sein mögen, jedoch keinerlei Chance auf Veröffentlichung hätten und deshalb im Grunde genommen auch verschwendete Zeit wären. ‚Wir schießen uns doch nicht selbst ins Knie‘, sagte er.“

Etwas mehr als ein Jahr später kündigte Kern, wechselte in eine andere Redaktion. Aus Sicht der Zeitung, des Eigentümers, sagt sie, habe sie selbst mit dem heutigen Abstand noch Verständnis für die Entscheidung, dass ihre Arbeit nie den Weg ins Blatt fand. „Aus der Sicht des Publikums war es aber fatal. Jede Behörde, die sich selbst halbwegs ernst nimmt, hat so etwas wie eine interne Revision. Und ausgerechnet die, die sich selbst als ‚Watchdog‘ für alle anderen sehen, drücken in ihren eigenen Angelegenheiten ein Auge zu?“

„DER SOLDAT“ STIRBT: KEINE INSERATE FÜR KRITIKER

Wohin offensichtlich unbotmäßige Berichterstattung und damit verbundener Liebes- und Inseratenentzug führen können, war in den Jahren 2012 bis 2014 im Wirkungsbereich des Verteidigungsministeriums zu beobachten. Letztendlich endete die kritische Distanz der Zweiwochenschrift „Der Soldat“ zur Ressortspitze nämlich damit, dass eine fast 60 Jahre andauernde Kooperation eingestellt wurde. Das Blatt musste zusperren. Gleich zwei Verteidigungsminister begründeten sowohl das Storno eines Großabos als auch die Streichung von Werbebuchungen im „Soldat“ damit, dass das Haus sparen müsse. Heute weiß man dank der Daten aus der Medientransparenzdatenbank: In einem in der Berichterstattung freundlicher auftretenden Konkurrenzheft, das die Lücke im Anschluss nahtlos füllte, gibt das Bundesheer längst deutlich mehr Geld für Werbung aus.

Die Geschichte begann vor vielen Jahren, genau genommen 1956. Österreich feierte gerade ein Jahr Staatsvertrag. Das eben erst aus den Kriegstrümmern wiederauferstandene Bundesheer brauchte nicht nur ein internes Kommunikationsorgan, sondern wollte auch eine Brücke in die Bevölkerung schlagen und diese für die Bedeutung eigenständiger Wehrpolitik der blutjungen Nation sensibilisieren. Wer genau wie viel dazu beitrug, ist nicht mehr ganz zuverlässig rekonstruierbar. Laut Quellen aus dem Militär geht die Gründung der Zeitschrift „Der Soldat“ jedoch auf den ersten Verteidigungsminister

Ferdinand Graf (ÖVP) und den der schwarzen „Reichshälfte" ebenfalls nicht fernstehenden Wirtschaftstreibenden Anton Hanusch zurück. Das erste der fortan im Zweiwochenrhythmus herausgegebenen Hefte erschien am 22. April 1956. Die Themen umfassten bis zur Einstellung unter anderem nationale und internationale Wehrpolitik, Konfliktberichterstattung, Rüstung, Technologie sowie Kommentare und heeresinterne Informationen. Und dies stets mit kritischer Distanz zum Bundesheer selbst. Oder besser: zum Ministerium. Die Zeitung war kein Werbeorgan. Schon im ersten Heft schrieb die Redaktion über sich selbst: „Wir wären ein schlechtes Blatt, würden wir allen gefallen."

Im Laufe der folgenden Jahrzehnte schien das geschätzt zu werden. Auch von der (politischen) Heeresführung selbst. Das Heft wuchs und wurde mit der Zeit als halboffizielles Organ wahrgenommen, neben den heereseigenen Heften „Truppendienst" (seit 1962) und der „Österreichischen Militärischen Zeitschrift" (ÖMZ), einer militärwissenschaftlichen Fachzeitschrift. Gegen Ende seines Bestehens verbreitete der Verlag 15.000 Stück von jeder Ausgabe. Knapp die Hälfte davon kaufte das Bundesheer im Großabonnement und verteilte die Hefte unter den Soldaten in seinen Garnisonen und Kasernen. Kosten: knapp 200.000 Euro im Jahr. Zusätzlich schaltete man Inserate.

Und dann kam Norbert Darabos. Gegen Ende seiner Amtszeit tauchten Medienberichte[101] auf, dass dem „Soldat", der regelmäßig kritisch über das Wirken des sozialdemokratischen Burgenländers als Minister berichtete, Schaltungen entzogen werden sollten und dass geplant war, die dadurch frei werdenden Gelder zu einem Heft umzuleiten, hinter dem dieselbe Stiftung steht, die auch die Gratiszeitung „Heute" herausgibt. Das viermal im Jahr erscheinende Heft „Militär aktuell" wurde nämlich genau damals, im Jahr 2012, gegründet. Und zwar einerseits von Andreas Dressler, einem Medien-Manager, der zuvor im Umfeld der „Krone" und auch bei der TV-Beilage „tele" tätig war, und der Periodika Privatstiftung, der der ehemalige Pressesprecher Werner Faymanns, Wolfgang Jansky, und der Steuerberater und SPÖ-Sanierer Günther Havranek vorstehen. Was war also dran an den Gerüchten? Nichts, sagten damals das Ministerium und Dressler.[102] Solche Abkommen gebe es nicht.

Trotzdem schuf das Verteidigungsministerium 2014 die zuvor kolportierten Fakten. Amtsinhaber an der Ressortspitze war zu diesem Zeitpunkt bereits Darabos' Nachfolger und Parteifreund Gerald Klug. Das Ministerium kündigte das Großabo von „Der Soldat" und stellte die Buchungen von Inseraten ein. Die Redaktion war damit schlagartig unfinanzierbar geworden. Die Zeitung wurde eingestellt. Das Geschäftsmodell, das auf dem Großabo des Ministeriums und dessen Inseraten beruhte, ging mit der kritischen Berichterstattung über dieses Ressort einfach nicht mehr zusammen.

Heute lässt sich feststellen: Die Begründung der Minister Darabos und Klug, dass man insbesondere die Inserate im „Soldat" deshalb kürzte, weil man generell bei den Werbeausgaben spare[103], hält nicht. Die Daten der Medientransparenzdatenbank der KommAustria sprechen eine klare Sprache. Im Laufe der letzten Jahre am Markt (die Einstellung erfolgte mit Dezember 2014) gab das Ministerium pro Quartal 16.935 Euro für Werbung im „Soldat" aus. Als dieser verschwunden war, wurden die quartalsweisen Schaltungen in „Militär aktuell" jedoch annähernd verdoppelt, nämlich auf durchschnittlich 29.587 Euro. Sehen so Einsparungen aus?

Nein, natürlich nicht. Das gesteht heute auch das Verteidigungsministerium ein und fügt in einer Stellungnahme die Erklärung hinzu, dass die Entscheidung darüber, welche Inserate in welchem Ausmaß in welcher Zeitschrift gebucht werden, stets im Verantwortungsbereich der wechselnden politischen Führung liege, also im Einflussbereich des Ministers. Nur in einem Punkt sparte man tatsächlich ein: dem Großabo. Anders als der zweiwöchig erscheinende „Soldat" wird „Militär aktuell" kostenlos an Heeresangehörige verteilt.

Der damalige Chefredakteur des „Soldat", Karl-Heinz Leitner, ist heute mehr denn je davon überzeugt, dass die von ihm geführte Redaktion dem Haus schlichtweg zu kritisch war und deshalb per Entscheidung von ganz oben eingestellt wurde. „Wir waren das einzige Medium, das nicht dem Bundesheer selbst gehörte. Somit war Einflussnahme nicht möglich."

Als ehemaliger Soldat und Mitarbeiter der eingestellten Zeitung ist Leitner natürlich nicht frei von eigenen Interessen. Vergleicht man jedoch gerade bei politisch heiklen Themen die Berichterstattung der beiden Hefte miteinander, wird klar, warum er so denkt. So gehörte die Debatte über die Anschaffung und den Betrieb des Militärjets „Eurofighter" über viele Jahre zu den heißesten Themen in der österreichischen Politik. Die SPÖ war einst sogar politisch zu Nationalratswahlen angetreten, um den unter einer ÖVP-FPÖ-Koalition getätigten Kauf wieder rückgängig zu machen. Drei sozialdemokratische Verteidigungsminister, Norbert Darabos, Gerald Klug und Hans Peter Doskozil, scheiterten daran. Sie schafften es zwar, durch Abbestellung von für den Einsatz wichtigen Komponenten Geld zu sparen, die militärischen Möglichkeiten des Flugzeugs wurden dadurch jedoch deutlich eingeschränkt. „Der Soldat" kritisierte das von Anfang an und wiederkehrend.[104] Nicht gerade zur Freude der Minister. In „Militär aktuell" hingegen war der Ton ein anderer. Zum Beispiel in einem zweiseitigen Artikel im Jahr 2014: „Konträr zur österreichischen Wahrnehmung steht der ‚Eurofighter' technisch ganz vorne in der Top-Liga." Im selben Heft befanden sich sieben ganzseitige Schaltungen des Verteidigungsministeriums.

Die Art der eingesetzten Sujets, für die das Haus viel Geld ausgibt, könnte zudem mit den Vorgaben des Medientransparenzgesetzes kollidieren. Diese besagen, dass öffentliche Stellen mit Inseraten, wie erwähnt, „ausschließlich der Deckung eines konkreten Informationsbedürfnisses der Allgemeinheit" nachkommen dürfen und dabei „Sachinformationen" wie „Handlungs- oder Verhaltensempfehlungen" transportieren müssen. Imagewerbung und Selbstvermarktung sind verboten.

Dennoch erscheinen regelmäßig Inserate wie das unten abgebildete im „Militär aktuell". „Wir schützen Österreich." Mehr nicht. Welche Sachinformation das transportiert, ist nicht ersichtlich. Deshalb fragen wir im Ministerium nach, wie der Slogan zu verstehen sei. Die Antwort: „Das Bundesministerium für Landesverteidigung verfolgt seit Jahren eine crossmedial angelegte zielgruppenspezifische Kommunikationsstrategie, die bei den unterschiedlichen Anspruchsgruppen in einem ersten Schritt Aufmerksamkeit generieren soll, um sie anschließend zielgerichtet informieren zu können. Diese spezifischen Informationen kennzeichnet deshalb ein individuelles Erscheinungsbild, das durch konstante Gestaltungselemente (ausdrucksstarke Fotos, ein eindeutiger Slogan, Logo, Farben, Typografie, stilistische Vorgaben und Illustrationselemente) geprägt wird.

Die unterschiedlichen Anspruchsgruppen sollen dadurch motiviert werden, aktiv nach weiterführenden Informationen über unsere Website und die Social-Media-Kanäle zu suchen. Deshalb erfolgt auf den Sujets auch der visuelle Verweis auf diese Plattformen."

Alles klar?

„Militär aktuell" (1/2020)

ANZEIGENVERKAUF AN REDAKTION:
„KÖNNT IHR DA WAS MACHEN?"

„Unabhängig" nennen sich alle österreichischen Tageszeitungen.
Doch was meinen die Verlage damit? „Unabhängig" soll signalisieren,
dass die Redaktion, die den Inhalt gestaltet, nur sich selbst und den
eigenen Lesern verpflichtet ist und Distanz zu politischen Parteien, zu
Behörden, Unternehmen, Nichtregierungsorganisationen und anderen Objekten der eigenen Berichterstattung hat. Sogar zu anderen Abteilungen des eigenen Unternehmens besteht in der Regel eine Art
„Firewall", die nicht selten durch ein Redaktionsstatut abgesichert ist.
   Das Problem: Das, was Redaktionen Tag für Tag produzieren,
weckt ganz automatisch Begehrlichkeiten. Was Journalisten schreiben, bekommt Aufmerksamkeit und trotz aller immer wiederkehrenden Kritik zu Glaubwürdigkeit und Verlässlichkeit der Branche: Alles
in allem schenkt man redaktionellen Beiträgen in professionell geführten Medien ein gewisses Maß an Vertrauen. Zu Recht.
   Die Unabhängigkeit journalistischer Häuser ist jedoch ein fragi-
les Gebilde. Wie fragil, das erkennt man schnell, wenn es um die Finanzierung geht. Ist das Produkt nicht gut genug oder bleibt das
Publikum aus, weil es lieber kostenlose Beiträge im Internet konsu-
miert, gerät das autonome Arbeiten von Redaktionen rasch unter
Druck. Letztendlich sind auch Zeitungen und Zeitschriften Unternehmen, die nur dann Bestand haben, wenn ihre Finanzierung gesichert ist. Werden die Mittel insgesamt knapp, bekommen wichtige
Kunden ganz automatisch mehr Einfluss. Werbekunden zum Beispiel,
die auch Behörden oder Regierungsstellen sein können.
   Wie so etwas dann abläuft, offenbarte unter Zusicherung des
Quellenschutzes eine Führungskraft einer Tageszeitung. Einer einge-
stellten Tageszeitung: der „Kärntner Tageszeitung".
   Die „Kärntner Tageszeitung" erschien im Februar 2014 zum letz-
ten Mal. Dem ehemaligen Parteiblatt der SPÖ ging schlichtweg das
Geld aus, sie blieb im Zweikampf zwischen „Kleine Zeitung" und
„Krone" einfach auf der Strecke. Im wortwörtlichen Sinn.
   Weil Jörg Haiders politische Erben die kritischen Berichte der
„Kleinen" als unbotmäßig empfanden, strichen sie die 1 Million Euro
umfassende jährliche Landespresseförderung auf 100 Euro zusammen

und trafen damit eigentlich die „Kärntner Tageszeitung". Das Ausbleiben des Geldes, das zwischen den drei Marktteilnehmern aufgeteilt wurde, tat den zwei Großen zwar weh, wirklich getroffen hat es jedoch nur den mit Abstand kleinsten Mitbewerber. Das Blatt geriet finanziell enorm unter Druck.

„Wir kämpften ums Überleben", erzählt der Mann, der heute nicht mehr im Tageszeitungsgeschäft tätig ist und jene Zeit hinter sich lassen möchte. „Und wir, als Verkäufer, haben natürlich auch versucht, unseren Kunden ein Umfeld zu bieten, das wenigstens nicht abstoßend war." Einer dieser Großkunden: die Landesregierung unter der Führung von Politikern von BZÖ/FPK. „Die Landesräte und der Landeshauptmann haben damals in ihren Büros Werbung nach eigenem Ermessen verteilt", erinnert sich der Mann. Die „Kärntner Tageszeitung" brauchte jedes Inserat wie einen Bissen Brot. Er selbst und seine Kollegen standen jedoch tagtäglich vor dem Problem: „Wie verkaufe ich Werbeflächen in einer Zeitung mit einer Redaktion, die zu großen Teilen aus sozialdemokratisch gefärbten Redakteuren besteht? Und die – journalistisch nur verständlich – massiv kritisch schreiben." Die Lösung: „Wir haben in der Redaktion angerufen und dort gefragt, ob sie ‚uns' vom Verkauf, aber eben auch uns allen, den Mitarbeitern des Unternehmens, in dieser oder jenen Sache etwas ‚helfen' könnten."

Manchmal konnten sie, manchmal nicht. Der „Kärntner Tageszeitung" hat es letztlich jedoch nicht geholfen, sie ging in Konkurs. Das Beispiel zeigt, dass wirtschaftlich robuste Häuser in redaktionellen Belangen weniger anfällig sind für äußere Einflüsse als gefährdete.

„NUR EIN WUNSCH DES MINISTERS"

Im nächsten Fallbeispiel wechseln wir Standpunkt und Perspektive, tauchen ein in den Alltag zweier Ministerien, die beide zu den größeren Schaltern von Zeitungsinseraten gehören. Für die Recherche zu diesem Buch stellten sich dafür zwei Personen mit unterschiedlichen Funktionen zur Verfügung. Einer der beiden Männer war Mitglied eines Ministerkabinetts jener Expertenregierung, die das Land nach dem Auseinanderfallen der türkis-blauen Koalition im zweiten Halbjahr 2019 lenkte. Er erzählt davon, welche „Baustellen" das parteipolitisch gebundene Vorgängerkabinett hinterließ. Die andere Auskunftsperson schildert die Ereignisse, die sie als Beamter und Leiter einer zentralen Stelle für Kommunikation erlebte. Welche Interessen die (Partei-)Politiker in den Ministerbüros hatten und wie diese am Dienstweg vorbei Inserate in Zeitungen bestellten – offensichtlich nur mit dem Zweck, Geld zu verteilen.

Beide Personen sind in Bezug auf das Erzählte zur Verschwiegenheit verpflichtet, weshalb zu ihrem Schutz weder ihre Identität noch die betroffenen Ministerien eindeutig benannt werden. Die verantwortlichen Minister und Ministermitarbeiter konnten aus diesem Grund auch nicht mit den von ihnen beschriebenen Ereignissen konfrontiert werden. Allerdings wurden die geschilderten Sachverhalte auf anderem Weg auf ihre Plausibilität überprüft: Die Geschichten sind also authentisch, und die Minister, um die es geht, standen aufgrund ihrer Werbeaktivitäten im Parlament immer wieder im kritischen Fokus der Opposition.

Nennen wir ihn O. Er ist einer, der seine gesamte berufliche Laufbahn in ein und demselben Ressort verbracht hat. Anfangs, als O. noch jung war, begann er in einer Art Außendienst im Haus. Später, mit den Jahren, bildete er sich fort, lernte zusätzliche Fächer und Fertigkeiten und verfügte nach einigen Jahren im Bereich Kommunikation über ein Wissen, das außerhalb des Staatsdienstes auch in einer Agentur oder einem Verlag gefragt gewesen wäre. Doch seine emotionale Bindung zum Ressort war größer, und anstatt dem Ruf der Privatwirtschaft zu folgen, geschah das, was er heute noch eine „Überraschung" nennt: „Ein neuer Minister suchte für die Abteilung für interne und externe Kommunikation einen Leiter. Und weil mit dem richtigen Parteibuch niemand mit ausreichend Qualifikation verfügbar war, kam ich als sogenannter ‚Nuller' zum Zug." Als „Nuller" werden unter den hohen Beamten des Landes manchmal Personen bezeichnet, die sich politisch nicht zuordnen lassen. Als O. die Abteilung übernahm, konnte niemand wissen, dass er nach der kurzen Amtszeit des ihn einstellenden Ministers noch seinem Nachfolger Probleme machen würde.

„Das Geld, das mein Ministerium für Inserate ausgab, lag in meiner Budgetverantwortung", erzählt O. im Rahmen eines Treffens fernab der Hauptstadt und deren Ministerien in einem der Bundesländer. Auf dieses Geld griffen die Büros der Minister im Sinne ihrer eigenen Interessen zu. „Und nicht im Sinne des Ministeriums", sagt er. In der Praxis lief das dann so ab – 0. beginnt zu erzählen, ausführlich: „Meistens lief das telefonisch. Am anderen Ende meldete sich entweder der Kabinettschef des Ministers oder sein Pressesprecher. Dann hieß es stets, dass diese oder jene Summe – meistens immer knapp unter der Ausschreibungsgrenze von 100.000 Euro – in, sagen wir, ‚Österreich' zu buchen wäre. Der Name der Zeitung tut eigentlich nichts zur Sache, weil es bei allen gleich lief. Jedenfalls wurde zusätzlich mitgeteilt, dass wir dort ‚im Rückstand' wären und uns deshalb als Abteilung etwas einfallen lassen müssten. ‚Rückstand', allein das war verwunderlich.

Zu Beginn solcher Gespräche verwies ich meistens auf den Dienstweg, nämlich dass ich dafür eine schriftliche Weisung bräuchte, ich schließlich Beamter sei und für das Freigeben nicht zweckmäßiger Gelder belangt werden könnte. Doch Schriftliches mieden sie wie der Teufel das Weihwasser. Deshalb hieß es dann, dass das keine Weisung sei, sondern ‚nur ein Wunsch des Ministers'. Damit war klar, was verlangt war: Geld musste fließen. Egal, wie. ‚Lassen Sie sich doch einfach ein Thema für ein Inserat einfallen, denken Sie ein wenig politisch', sagte einmal der Kabinettschef. Durch diesen Trick brauchte es keine Weisung, weil die Idee, zu werben, dann formal von uns kam, und im Ministerbüro fand man diese Ideen dann natürlich immer gut. Dabei interessierte die der Inhalt der Kampagne gar nicht. Natürlich haben wir uns stets bemüht, den Kampagnen größtmöglichen Sinn mitzugeben. Aber es gab nun einmal oft genug auch Zeiten, in denen uns beim besten Willen nichts einfiel, wovon auch das Ressort als Ganzes etwas hatte.

Dass die Ministerbüros einen Zusammenhang zwischen Inseraten und der Berichterstattung der begünstigten Blätter sahen, ist für mich eindeutig. Wie komme ich drauf? Nun, wenn eine der Zeitungen einmal kritisch über die Person des Ministers berichtete, gab's Wirbel, dann waren wir dafür verantwortlich, standen wir in der Kritik. Kabinettschef und Pressesprecher ließen uns dann spüren, dass es unsere Verantwortung sei, wie eine – eigentlich – freie Redaktion über den Ressortchef berichtet.

Persönlich haben mich all die Jahre in Führungsfunktionen des Hauses darin bestärkt, dass das Kaufen von Inseraten für unsere Zwecke eigentlich der falsche Weg ist. Die Behaltezeit vieler Sujets beim Publikum ist einfach zu kurz, Plakate wären meistens sinnvoller. Die Sache ist nur: Bis heute glauben Minister daran, dass sie dadurch die Berichterstattung – wenn auch nur indirekt – mitbestimmen können. Ich denke aber, dass das ein Irrglaube ist. Von Fall zu Fall mag das vielleicht funktionieren, nachhaltig kauft man sich so jedoch keine Freundschaft."

An dieser Praxis in O.s Ministerium hat sich auch nach dem nächsten Ministerwechsel nichts geändert. Bis auf den Umstand, dass inzwischen noch mehr Geld zur Verfügung steht.

Geld, das ein anderer, der selbst Mitarbeiter eines Ministerkabinetts war, nicht automatisch als „rausgeschmissen" bewerten will. Die Person, nennen wir sie P., unterstützte im zweiten Halbjahr 2019 einen unabhängigen Expertenminister beim Verwalten des Ressorts, nachdem der „Ibiza"-Skandal die türkis-blaue Regierung gesprengt hatte. Seine Aufgabe war es, die Hinterlassenschaft des Vorgängers bestmöglich zu verwalten.

„Daran war bei weitem nicht alles schlecht", sagt P. heute. Der Mann ist erfahren, durchlief wie O. viele Stationen im Einflussbereich seines Hauses, ebenfalls in unterschiedlichsten Funktionen und mit großer fachlicher Expertise im Bereich Kommunikation. Er erinnert sich so an jene Zeit: „Als wir im Ministertrakt einzogen, ließ ich mir zunächst von den Fachabteilungen des Hauses alle gebuchten Kampagnen und die dienstliche Dokumentation dazu bringen. Daran empfand ich gleich mehrere Dinge erstaunlich. Erstens: Einiges davon, was in den Qualitätszeitungen wohl als vermeintlich ungerechtfertigtes Sponsoring von Gratiszeitungen dargestellt worden wäre, ergab für mich durchaus Sinn. Die Anzeigenabteilungen dieser Zeitungen kamen ganz offensichtlich mit gar nicht so schlechten Ideen, die inhaltlich durchaus auch den Vorgaben des Medientransparenzgesetzes entsprachen und bei denen man argumentieren konnte, dass sie in einem sachlich begründbaren Interesse des ganzen Ressorts lagen. Nur hat uns das offenbar selbst nie wirklich interessiert. Wir haben vor Umsetzung dieser Ideen nie festgelegt, welche Ziele wir eigentlich erreichen wollen. Und danach entsprechend auch nie nachgesehen, ob wir diese auch erreicht haben. Unser Haus hat einfach im großen Ausmaß eingekauft und geschaut, was passiert. Es gab keinerlei Benchmarking, und das ist, wenn man ins Ausland sieht, inzwischen nicht nur bei privaten Unternehmen Standard, sondern auch bei staatlichen Stellen. Es geht dabei immerhin um Steuergeld."

Als P. und sein Minister Anfang 2020 das Ressort verließen, lagen ihre monatlichen Ausgaben für Werbung und Inserate bei ungefähr einem Zehntel der Vorgängerregierung. Mit der Übernahme des Nachfolgers nach dem Jahreswechsel 2020/21 stiegen sie wieder. Und zwar um über 1.000 Prozent (genauere Angaben sind, um Rückverfolgung unmöglich zu machen, nicht möglich). Auf ein Niveau, das das Haus seit Beginn der Aufzeichnungen in der Medientransparenzdatenbank noch nicht erlebt hatte.

Der Fall „News": Mit Steuergeld gegen die Pressefreiheit

Im Frühling 2021 wurde in Österreich öffentlich und ziemlich hitzig diskutiert. Das hatte nicht nur damit zu tun, dass in dieser Zeit die dritte Infektionswelle der Covid-19-Pandemie durch Land und Spitäler schwappte. Im Zentrum der Auseinandersetzung in sozialen, gedruckten und ausgestrahlten Medien stand auch die Bundeskanzler-Partei der ÖVP. Oder präziser: Deren türkise Führungsmannschaft. Auslöser hierfür waren das sogenannte „Ibiza-Video" und die darauf folgenden Ermittlungen der Staatsanwaltschaft und der parlamentarische Untersuchungsausschuss dazu. Die Befragungen von Kanzler Sebastian Kurz und Finanzminister Gernot Blümel durch Abgeordnete der Opposition, das Leaken vertraulich geführter Smartphone-Chats zwischen Spitzenkräften der Republik an die Öffentlichkeit: All das trug dazu bei, dass innerhalb weniger Monate ein fatales Bild einer Elite entstand, die ganz offensichtlich ein fragwürdiges Verhältnis zur geliehenen Macht pflegte. Darunter ein Regierungschef, dessen wahrheitsgemäße Aussage vor dem Parlament im Zweifel stand, und der deshalb von der Staatsanwaltschaft der Falschaussage verdächtigt wurde. Oder ein (inzwischen Ex-)Vorstand der Bundesholding ÖBAG, der mithilfe seines Netzwerkes offenbar Postenschacher auf allerhöchster Ebene betrieb. Und ein Finanzminister, der ebendiesem Vorstand in bester Krimi-Manier die Loyalität mit dem Satz „Du bist Familie" via Handy-Kurznachricht versicherte.

All das – und noch mehr – dominierte zu jener Zeit die Berichterstattung der meisten innenpolitischen Redaktionen des Landes. Niemand kam vorbei an den sogenannten „Schmid-Chats". Eine Bezeichnung, die auf dem Namen des später zurückgetretenen ÖBAG-Chefs Thomas Schmid gründet. Auf dem beschlagnahmten Smartphone des manischen SMS-, iMessage- und WhatsApp-Schreibers konnte die Staatsanwaltschaft nämlich genau jene Konversationen wiederherstellen, die die türkise Gesinnungsgemeinschaft öffentlich unter Druck brachte.

Jedenfalls, wie die meisten Redaktionen im Land berichtete eben auch das Magazin „News" über diese Verstrickungen, die in einem Ermittlungsverfahren gegen den Kanzler und dem Rücktritt Schmids ihren vorläufigen Höhepunkt fanden. „News" gehört ins Magazin-Portfolio der VGN Medien Holding, die auch das vorliegende Buch herausgibt. Und ebendort, im Hochhaus des Verlages am Wiener Donaukanal, rief in der Woche nach Fronleichnam ein enger Mitarbeiter von Finanzminister Gernot Blümel an.

Der Mann hatte etwas zu erzählen. Sein Chef soll nämlich erzürnt gewesen sein. Zu oft und – vor allem – zu kritisch hätte die Redaktion von „News" in den Wochen davor nach seinem Geschmack über ihn berichtet. Und was Blümel demnach besonders störte, war, dass auch sein Foto mehrfach und in kritischem Zusammenhang auf der Titelseite des bildstarken Magazins auftauchte. Das sollte Konsequenzen haben. Auch wenn der Wahrheitsgehalt der Berichte außer Streit stand: Ab sofort, so teilte es Blümels Mitarbeiter der VGN Medien Holding mit, werde das Finanzministerium keine Inserate mehr in den zahlreichen Heften des Verlages (neben „News" sind das unter anderem „Trend", „Woman", „TV-Media" und noch einige mehr) schalten.

Und dann geschah, was sonst selten bis nie geschieht. Die VGN Holding machte den Vorgang öffentlich. Einer ersten Notiz auf Twitter folgten Äußerungen prominenter Mitarbeiter des Hauses, das Thema ging in sozialen Medien viral und wurde emotional diskutiert.

Der Geschäftsführer und Mehrheitseigentümer der Gruppe, Horst Pirker, wurde in Interviews befragt und die Redaktion von „News" berichtete in mehreren Beiträgen über das Thema.

Der Fall ließ weite Teile des Publikums, das sich sonst meist nur wenig für die Feinheiten der Vorgänge zwischen Politik und Medien interessiert, tief in die Abgründe ebendieser Beziehung blicken. Ans Licht kamen vor allem Widersprüche. Widersprüche wie der folgende: Wie ist es zu erklären, dass die Regierung ihre Werbebudgets damit argumentiert, dass sie – wie im Gesetz vorgesehen – unbedingt notwendige Informationen mit Inseraten an die Bevölkerung bringt, diese angeblich notwendigen und mit Steuergeld verbreiteten Informationen aber sofort einstellen kann, wenn sich der Minister persönlich zu oft kritisiert fühlt? Oder: Wie verlässlich ist die per Verfassung abgesicherte Freiheit der Presse in Österreich, wenn ein ranghohes und auf die Verfassung vereidigtes Organ der Bundesverwaltung versucht, diese vom Gesetzgeber gewährte Garantie mit Finanzmitteln des Staates auszuhebeln?

Wie überrascht das Finanzministerium, traditionell einer der größten Inserenten innerhalb der Bundesregierung, von der Veröffentlichung der Intervention war, zeigte die Reaktion Blümels. Er und seine Mitarbeiter bezeichneten die Darstellung der VGN Gruppe nämlich schlichtweg als „falsch". Dies deshalb, weil man keine bereits gebuchten Schaltungen storniert habe. Dies ist ein alter und beliebter Trick aus dem Bereich der politischen Kommunikation. Er funktioniert so: Beantworte Fragen, die gar nicht gestellt sind, und bringe damit jene auf deine Seite, die ohnedies nicht genau mitbekommen haben, worum es eigentlich geht. Tatsächlich ging es bei der VGN auch nie um Stornos, sondern – siehe oben – um die Einstellung möglicher Buchungen in der Zukunft. Oder anders formuliert: Weil dem Minister Berichte nicht gefielen, strafte er mit finanziellem Liebesentzug. Dass die VGN Holding den Vorgang öffentlich machte, hat auch damit zu tun, dass sie trotz ihrer Gesamtreichweite von 1,85 Millionen Lesern im Vergleich zu Tageszeitungen vergleichsweise geringe Umsätze mit Buchungen der Bundesregierung macht. Nämlich nur etwa eine halbe Millionen Euro pro Jahr.

Im Rahmen der öffentlich geführten Auseinandersetzung brachen jedoch noch weitere Aspekte des Themas auf. Der ehemalige

Österreich-Ressortleiter der „Kronen Zeitung", Thomas Schrems, kritisierte das „systematische Einlullen und Gefälligmachen von Journalisten" durch die Bundesregierung, und schilderte dabei konkrete Beispiele während seiner Zeit bei Österreichs größter Tageszeitung. Und der Mediensprecher der SPÖ im Parlament, Jörg Leichtfried, forderte dringend Maßnahmen „gegen Inseratenkorruption und Message Control, um Medien bei unabhängiger Berichterstattung zu unterstützen".

Sätze, bei denen ein Medien-Manager eines der größeren Pressehäuser in Österreich den Kopf schüttelt. Der Mann ist gut vernetzt mit politischen Führungskräften aller Farben, hat einige Jahre Erfahrung und erklärte sich unter Zusicherung des Schutzes seiner Identität dazu bereit, zumindest ein klein wenig Einblick in das Gewerbe aus seiner Perspektive zu geben. Wir treffen ihn in seinem sonnigen Büro, er sitzt vor einem Laptop und sagt: „Die, die sich jetzt empören, sind entweder nicht ehrlich oder nicht lange genug dabei." Im Laufe der Jahre habe er Interventionen politischer Inserenten aus allen Lagern wahrgenommen, sei es auf regionaler oder eben auf bundesweiter Ebene. Selbst in Tonalität und Intensität – er macht eine kurze Pause und gräbt in seinen Erinnerungen – habe sich bis heute nicht viel verändert. Verändert hätten sich seiner Wahrnehmung nach aber zwei Dinge. Erstens: Das Gesamtausmaß des Volumens, über das Politiker in Form von Inseraten verfügen können. Und zweitens: „Die Professionalität, mit der diese Interventionen abgewickelt werden."

Die Art und Weise, in der nicht genehme Veröffentlichungen dokumentiert, verarbeitet und darauf reagiert würde, habe die ÖVP unter Sebastian Kurz und mit seinem Medienbeauftragten Gerald Fleischmann auf eine ganz neue Stufe gestellt.

Das Verhältnis der Regierungen Kurz I und Kurz II zu den Medien lässt Beobachter aus dem Ausland jedenfalls bemerkenswerte Parallelen ziehen. Milan Nič, Experte für die Visegrád-Staaten (Polen, Tschechien, Slowakei, Ungarn) bei der Deutschen Gesellschaft für Auswärtige Politik in Berlin, sieht Ähnlichkeiten zum Aufstieg von Viktor Orbán zum Premierminister von Ungarn. Beide würden Wert auf Einfluss bei Medien legen. „Als Orbán an die Macht kam, versuchte er,

Unternehmen zu kontrollieren, die Medien nahestanden. Und damit die Medien selbst", sagt Nič. Kurz hingegen versuche es mit anderen Mitteln, und zwar mit Steuergeld bei den Medien selbst. Aber: „Beide sind Politiker, die in direkter Opposition zu kritischen Medien stehen."

Und nun?

Die engen Verflechtungen und wechselseitigen Abhängigkeiten zwischen Österreichs Regierenden und der Presse liegen nun offen, zumindest teilweise. Auch dieses Buch und die ihm zugrundeliegende Recherche vermochten in vielen Details nur an der Oberfläche zu kratzen.

Was sich wie ein roter Faden durch sämtliche Kapitel zieht, ist der Eindruck, dass Österreichs Zeitungen und Magazine es nicht gewohnt sind, sich selbst zum Objekt schonungsloser Recherche und Aufklärung zu machen. Einige der Narrative, die insbesondere von Vertretern jener Gruppe verbreitet werden, die sich selbst Qualitätspresse nennt, haben einen auffällig beschränkten Blickwinkel. Jahr für Jahr berichten sie darüber, welcher Titel von der Medienbehörde wie viel Presseförderung zugewiesen bekommt und dass die Presseförderung im Vergleich zu Ländern wie zum Beispiel Dänemark oder Schweden insgesamt vergleichsweise geringe Summen ausmacht.

Alles davon ist richtig. Richtig wäre aber auch, darüber zu berichten, dass die vermeintlich zu geringen Subventionen an Medienkonzerne, Parteien und regionale Marktführer gehen, die in ihrem jeweiligen Hauptverbreitungsgebiet 30, 40 oder 50 Prozent des Zeitungsmarktes abdecken. Ist es notwendig, eine Styria Group, die Jahr für Jahr mehrere Hundert Millionen Euro Umsatz macht, zum größten Fördernehmer am Pressemarkt zu machen? Sind die 17 Millionen Euro an Subvention, die die oberösterreichische ÖVP seit 2004 für ihr

„Oberösterreichisches Volksblatt" bekommen hat, demokratie- und medienpolitisch wirklich gut angelegtes Steuergeld? Die Fragen erscheinen hart und aus der Sicht mancher Marktteilnehmer vielleicht sogar unerhört. Eine wirklich freie und unabhängige Presse würde sie aber auch permanent sich selbst stellen. Dies geschieht gesamtheitlich – wenn überhaupt – nur abseits des großen Scheinwerfers der etablierten Massenmedien in den Untiefen des Internets.

Das vorliegende Buch will – unter anderem – dazu beitragen, dass sich die Frequenz des Stellens ebendieser wirklich unangenehmen Fragen erhöht, denn nur die schonungslos offene Selbstreflexion der Presse kann dazu beitragen, dass dieser Sektor der Massenmedien, der sich in einem Rückzugsgefecht befindet, mittelfristig seinen Platz im Wettstreit mit Fernsehen, Radio und dem alles überrollenden Internet findet. Dazu gehört auch, anzuerkennen, dass man im Laufe der vergangenen Jahrzehnte gefährlich nahe an die Politik herangekommen ist. Bei allem Bemühen, bei aller Ethik und bei allen selbstreinigenden Mechanismen des Journalismus ist es dennoch so, dass der Einfluss des Staates zugenommen hat. Wenn Werbe- und Lesermarkt stagnieren, die Regierung die Ausgaben für Presseförderung halbwegs stabil hält und ihre Ausgaben für Werbeschaltungen deutlich erhöht, gewinnt sie automatisch an Einfluss.

Sie sichert sich ebenfalls Einfluss, wenn man die Stellenbesetzungen vermeintlich unabhängiger Kommissionen und Behörden nachvollzieht. Seit vielen Jahren werden dorthin eindeutig oder wenigstens mittelbar politisch zuordenbare Personen entsendet, die darüber mitentscheiden, wer in welcher Höhe gefördert wird. Viele Spuren führen dabei ins Kanzleramt – egal, wer da gerade das Sagen hat.

Auffallend einseitig verläuft die mediale Auseinandersetzung mit dem Thema Regierungsinserate. Stark vereinfacht gesagt stehen auf der einen Seite die Qualitätsmedien und eine Reihe von Intellektuellen, die das Schalten von Werbung in Massenblättern als unanständig darstellen, dabei aber nicht erwähnen, dass sich Werbung nach Reichweite richtet und sie selbst nach dieser Rechnung in vielen Fällen mehr vom Kuchen erhalten, als dem Steuerzahler recht sein kann. Auch das ist ein Teil des Gesamtbildes.

Dass vieles von den Zahlungen an den sogenannten Boulevard der Politik selbst unangenehm zu sein scheint, geht wiederum aus der

Art und Weise hervor, wie der Bund Informationen zum Thema zugänglich macht: Zwar werden die Basisdaten dazu veröffentlicht, les- und nutzbar sind sie für die Bevölkerung jedoch nicht. Das ist sogar Absicht, so steht es in den parlamentarischen Begleittexten der entsprechenden Gesetze.

Liegen Presse und Politik deshalb generell im Argen? Nein. Zumindest für Österreichs Presse wäre dieser Befund erstens unfair und zweitens falsch. Die Medien und Journalisten des Landes erfüllen, bei allen vereinzelt auftretenden Schwächen, ihre Funktion gut und kämpfen gleichzeitig in einem schwierigen Marktumfeld um ihre Position. Das bedeutet jedoch nicht, dass es nicht besser ginge. Insbesondere das Verhältnis zur Bundes- und zu Landesregierungen scheint, aufgrund der inzwischen enormen Zahlungen aus diesem Bereich, verbesserungswürdig und bedürfte mehr Transparenz und Selbstreflexion.

Deshalb lohnt es sich als Teil des Publikums, vor allem dann den Blick hinter die Kulissen zu wagen, wenn jemand für sich in Anspruch nimmt, vollkommen unabhängig zu sein. Niemand ist frei von Einfluss, von Verbindungen, von Abhängigkeiten. Das gilt auch für mich, den Autor dieses Buches. Irgendwer musste die Arbeit daran finanzieren, möglich machen. Als Partner dafür fand ich die VGN Medien Holding, die ihrerseits selbst Teil genau jenes politmedialen Netzwerks ist, das ich auf den vorangegangenen Seiten beschrieben habe. Beeinflusst wurde ich dabei nicht, kein einziges Mal wurde ein Wunsch formuliert, dieses oder jenes Detail so oder so zu beleuchten oder es vielleicht ganz auszusparen. Und dennoch war ich finanziell abhängig – ein Spagat, den Österreichs Journalisten Tag für Tag bewältigen.

Anmerkungen

Prolog

1 leadersnet.at, abgerufen am 15.5.2021 (https://bit.ly/2ReDHLQ)
2 dossier.at, abgerufen am 15.5.2021 (https://bit.ly/2SJLWzG)
3 OE24.at, abgerufen am 15.5.2021 (https://bit.ly/3btzUB5)
4 twitter.com, abgerufen am 15.5.2021 (https://bit.ly/3huGcnQ)
5 falter.at, abgerufen am 15.5.2021 (https://bit.ly/3yfvHuE)
6 Um den österreichischen Online-Handel zu unterstützen, bauten Wirtschaftsministerium und Wirtschaftskammer die Plattform kaufhaus-oesterreich.at als regionale Alternative zu Marktführer Amazon auf. Der Start war von erheblichen Pannen begleitet, die „Kronen Zeitung" titelte ihren Bericht über die Plattform am 1.12.2020 mit „Österreich trotzt Online-Riesen!".
7 ots.at, abgerufen am 15.5.2021 (https://bit.ly/33Olc3g)
8 medien-transparenz.at, abgerufen am 15.5.2021.

Presseförderung: Politeinfluss auf allen Ebenen

9 ots.at, abgerufen am 15.5.2021 (https://bit.ly/3tKhd2t)
10 krone.at, abgerufen am 15.5.2021 (https://bit.ly/3hpt4Ao)
11 twitter.com, abgerufen am 15.5.2021 (https://bit.ly/3w9WFSA)
12 concordia.at, abgerufen am 15.5.2021 (https://bit.ly/3hpt6Z2)
13 Berechnung laut www.medien-transparenz.at gemäß Daten der KommAustria.
14 presserat.at, abgerufen 15.5.2021 (https://bit.ly/2QoXNm6)
15 voez.at, abgerufen am 15.5.2021 (https://bit.ly/3ohnzFp)
16 iq-journalismus.at, abgerufen am 15.5.2021 (https://bit.ly/2Qj6RJ2)
17 Entscheidungen des Presserats 2020/306, 2020/295, 2020/301, 2020/293.
18 concordia.at, abgerufen am 15.5.2021 (https://bit.ly/3uRStGT)
19 rtr.at, abgerufen am 15.5.2021 (https://bit.ly/2STSqw4)
20 diepresse.com, abgerufen am 15.5.2021 (https://bit.ly/3oi3L4y)
21 Beantwortung der parlamentarischen Anfrage vom 10.11.2020 (4037/J) an das Parlament.
22 rtr.at, abgerufen am 15.5.2021 (https://bit.ly/3htiE2Q)
23 Quelle: RTR.
24 Preisliste der ÖAK für 2020, abgerufen am 15.5.2021 (https://bit.ly/3oo2F7p)
25 nachrichten.at, abgerufen am 15.5.2021 (https://bit.ly/3hrybjo)
26 styria.com, abgerufen am 15.5.2021 (https://bit.ly/3w9oKcM)
27 Holtz-Bacha, Christina: Presseförderung im westeuropäischen Vergleich. In: Peter A. Bruck (Hg.): Medienmanager Staat. Von den Versuchen des Staates, die Medienvielfalt zu ermöglichen. Medienpolitik im internationalen Vergleich. München: Reinhard Fischer, 1994: 443–568.

28   faz.net, abgerufen am 15.5.2021 (https://bit.ly/2SNlGV3)

29   Presseclub Concordia, 4.6.2020: Blattkritik aus dem Kanzleramt: Information oder Intervention?

30   Trend, Ausgabe 26/2020.

31   diemedien.at, abgerufen am 15.5.2021 (https://bit.ly/3eOHg4h)

32   Datum 05/2004.

33   derstandard.at, aufgerufen am 15.5.2021 (https://bit.ly/3w8JiC5)

34   Trappel, Josef: Subsidies: Fuel for the Media. In: Leen D'Haenens, Helena Sousa, Josef Trappel (Hg.): Comparative Media Policy, Regulation and Governance in Europe. Bristol: Intellect, The Mill 2018.

35   Parlamentarische Anfragebeantwortung XXIV. GP, 449/AB.

36   Sozialistische Korrespondenz, 22.4.1975.

37   Der Standard, 30.3.2017: „Brief des Herausgebers".

Inserate vom Staat: Spielgeld für Regierende

38   facebook.com, abgerufen am 15.5.2021 (https://bit.ly/3hphPIh)

39   heute.at, abgerufen am 15.5.2021 (https://bit.ly/3wbxdfc)

40   Bericht über die Rechtsstaatlichkeit 2020, Länderkapitel zur Lage der Rechtsstaatlichkeit in Österreich, Brüssel, 2020.

41   Parlamentarische Anfragebeantwortung 4051/AB vom 8.1.2021.

42   Die Presse, 18.12.2010.

43   Regionalmedien Austria (bz-Wiener Bezirkszeitung, Bezirksblätter, Woche Kärnten, Woche Steiermark), 20.9.2011.

44   ORF Radio, ö1-Mittagsjournal, 13.7.2012.

45   Vorblatt zur Regierungsvorlage 1276, XXIV. GP.

46   Anfragebeantwortung im Wiener Gemeinderat vom 17.4.2015, Aktenzahl ld(108675).

47   RH Bericht MuseumsQuartier Errichtungs- und Betriebsgesellschaft (Reihe Bund 2015/3 und Reihe Wien 2015/2).

48   RH Bericht Bundesimmobiliengesellschaft (Reihe Bund 2015/8).

49   RH Bericht Allgemeine Unfallversicherungsanstalt (AUVA; Reihe Bund 2015/12).

50   RH Bericht Land Tirol (Reihe Tirol 2014/5).

51   Media-Analyse 2020.

52   Teletest 2020.

53   Austrian Internet Monitor, q1 und q2 2020.

54   Focus Marketing Research, Werbebilanz 2020.

55   dossier.at, abgerufen am 15.5.2021 (https://bit.ly/3oi0C4V)

56   facebook.com, abgerufen am 15.5.2021 (https://bit.ly/3hrffBx)

57   andreas-unterberger.at, abgerufen am 15.5.2021 (https://bit.ly/2RZJMeM)

58   addendum.org, abgerufen am 15.5.2021 (https://bit.ly/3okA9np)

59   kontrast.at, abgerufen am 15.5.2021 (https://bit.ly/3fokkaW)

60   falter.at, abgerufen am 15.5.2021 (https://bit.ly/3oi0NND)

61   concordia.at, abgerufen am 15.5.2021 (https://bit.ly/3eNjXHP)

62   Zeitschrift für Informationsrecht, 3/2016.

63   Zeitschrift für Informationsrecht, 1/2019.

64 __dossier.at, abgerufen am 15.5.2021 (https://bit.ly/2Qm8O7J)
65 __demokratie21.at, abgerufen am 15.5.2021 (https://bit.ly/2Qj8pCQ)
66 Mitterlehner, Reinhold: Haltung. Flagge zeigen in Leben und Politik. Salzburg 2019.
67 RH Bericht Reihe BUND 2019/41.
68 __kontrast.at, abgerufen am 15.5.2021 (https://bit.ly/3eQpTzY)
69 1235 A/(E), XXIV. GP.
70 __twitter.com, abgerufen am 15.5.2021 (https://bit.ly/3bv4QAV)
71 Neues Land, 15.8.2013.
72 __zackzack.at, abgerufen am 15.5.2021 (https://bit.ly/3okfqjs)
73 neuezeit.at, abgerufen am 15.5.2021 (https://bit.ly/2RmndB5)
74 __diesubstanz.at, abgerufen am 15.5.2021 (https://bit.ly/3bqPcGU9
75 Parlamentarische Anfragebeantwortung 4051/AB, XXVII. GP.
76 „Aus Verantwortung für Österreich." Regierungsprogramm 2020–2024, ÖVP und Grüne, Wien 2020.
77 Tariflohnindex Statistik Austria.
78 Media-Analyse 2020.
79 Focus Werbebilanz 2020.
80 dossier.at, abgerufen am 15.5.2021 (https://bit.ly/3hpiGst)
81 Geschäfts- und Personaleinteilung des Finanzministeriums, Stand Dezember 2020.
82 Media-Analyse 2020.
83 Falter, 27/2020.
84 Der Standard, 16.12.2020.
85 Falter, 12/2019.
86 Oberösterreichische Nachrichten, 6.11.2020.
87 Die Zeit, 16/2020.
88 Scheinbar transparent. Analyse der Medienkooperationen der österreichischen Bundesministerien mit österreichischen Tageszeitungen 2018/2019. Wien 2020.
89 Online-Pressekonferenz zur Vorstellung der Studie „Scheinbar transparent", 5.11.2020.
90 Media-Analyse 2020.
91 XXVII. Gesetzgebungsperiode, Anfragebeantwortung 4051/AB.
92 die-zeitungen.de, abgerufen am 15.5.2021 (https://bit.ly/3fkeDei)
93 Berechnungen nach verbreiteter Auflage 2019 und Media-Analyse 2019.
94 Statuten des Vereines Arbeitsgemeinschaft Media-Analysen, Version des Jahres 2019.
95 derstandard.at, abgerufen am 15.5.2021 (https://bit.ly/3oiubTT)
96 ots.at, abgerufen am 15.5.2021 (https://bit.ly/3ydhluH)
97 dossier.at, abgerufen am 15.5.2021 (https://bit.ly/2RZDzj1)
98 kleinezeitung.at, abgerufen am 15.5.2021 (https://bit.ly/2Rp1vfM)
99 Oberösterreichische Nachrichten, 8.6.2016.
100 Oberösterreichische Nachrichten, 31.8.2013.
101 Kurier, 24.2.2012.
102 derstandard.at, abgerufen am 15.5.2021 (https://bit.ly/3fhHpwc)
103 Anfragebeantwortung 11084/AB, XXIV. GP.
104 Der Soldat, 27.2.2008.